TÉRMINO DE ANÁLISE

Coleção Clínica Psicanalítica
Títulos publicados

1. **Perversão**
   Flávio Carvalho Ferraz

2. **Psicossomática**
   Rubens Marcelo Volich

3. **Emergências Psiquiátricas**
   Alexandra Sterian

4. **Borderline**
   Mauro Hegenberg

5. **Depressão**
   Daniel Delouya

6. **Paranoia**
   Renata Udler Cromberg

7. **Psicopatia**
   Sidney Kiyoshi Shine

8. **Problemáticas da Identidade Sexual**
   José Carlos Garcia

9. **Anomia**
   Marilucia Melo Meireles

10. **Distúrbios do Sono**
    Nayra Cesaro Penha Ganhito

11. **Neurose Traumática**
    Myriam Uchitel

12. **Autismo**
    Ana Elizabeth Cavalcanti
    Paulina Schmidtbauer Rocha

13. **Esquizofrenia**
    Alexandra Sterian

14. **Morte**
    Maria Elisa Pessoa Labaki

15. **Cena Incestuosa**
    Renata Udler Cromberg

16. **Fobia**
    Aline Camargo Gurfinkel

17. **Estresse**
    Maria Auxiliadora de A. C. Arantes
    Maria José Femenias Vieira

18. **Normopatia**
    Flávio Carvalho Ferraz

19. **Hipocondria**
    Rubens Marcelo Volich

20. **Epistemopatia**
    Daniel Delouya

21. **Tatuagem e Marcas Corporais**
    Ana Costa

22. **Corpo**
    Maria Helena Fernandes

23. **Adoção**
    Gina Khafif Levinzon

24. **Transtornos da Excreção**
    Marcia Porto Ferreira

25. **Psicoterapia Breve**
    Mauro Hegenberg

26. **Infertilidade e Reprodução Assistida**
    Marina Ribeiro

27. **Histeria**
    Silvia Leonor Alonso
    Mario Pablo Fuks

28. **Ressentimento**
    Maria Rita Kehl

29. **Demências**
    Delia Catullo Goldfarb

30. **Violência**
    Maria Laurinda Ribeiro de Souza

31. **Clínica da Exclusão**
    Maria Cristina Poli

32. **Disfunções Sexuais**
    Cassandra Pereira França

33. **Tempo e Ato na Perversão**
    Flávio Carvalho Ferraz

34. **Transtornos Alimentares**
    Maria Helena Fernandes

35. **Psicoterapia de Casal**
    Purificacion Barcia Gomes
    Ieda Porchat

36. **Consultas Terapêuticas**
    Maria Ivone Accioly Lins

37. **Neurose Obsessiva**
    Rubia Delorenzo

38. **Adolescência**
    Tiago Corbisier Matheus

39. **Complexo de Édipo**
    Nora B. Susmanscky de Miguelez

40. **Trama do Olhar**
    Edilene Freire de Queiroz

41. **Desafios para a Técnica Psicanalítica**
    José Carlos Garcia

42. **Linguagens e Pensamento**
    Nelson da Silva Junior

43. **Término de Análise**
    Yeda Alcide Saigh

44. **Problemas de Linguagem**
    Maria Laura Wey Märtz

45. **Desamparo**
    Lucianne Sant'Anna de Menezes

46. **Transexualidades**
    Paulo Roberto Ceccarelli

47. **Narcisismo e Vínculos**
    Lucía Barbero Fuks

48. **Psicanálise da Família**
    Belinda Mandelbaum

49. **Clínica do Trabalho**
    Soraya Rodrigues Martins

50. **Transtornos de Pânico**
    Luciana Oliveira dos Santos

51. **Escritos Metapsicológicos e Clínicos**
    Ana Maria Sigal

52. **Famílias Monoparentais**
    Lisette Weissmann

53. **Neurose e Não Neurose**
    Marion Minerbo

54. **Amor e Fidelidade**
    Gisela Haddad

55. **Acontecimento e Linguagem**
    Alcimar Alves de Souza Lima

56. **Imitação**
    Paulo de Carvalho Ribeiro

57. **O tempo, a escuta, o feminino**
    Silvia Leonor Alonso

58. **Crise Pseudoepiléptica**
    Berta Hoffmann Azevedo

59. **Violência e Masculinidade**
    Susana Muszkat

60. **Entrevistas Preliminares em Psicanálise**
    Fernando José Barbosa Rocha

61. **Ensaios Psicanalíticos**
    Flávio Carvalho Ferraz

62. **Adicções**
    Decio Gurfinkel

63. **Incestualidade**
    Sonia Thorstensen

64. **Saúde do Trabalhador**
    Carla Júlia Segre Faiman

65. **Transferência e Contratransferência**
    Marion Minerbo

66. **Idealcoolismo**
    Antonio Alves Xavier
    Emir Tomazelli

67. **Tortura**
    Maria Auxiliadora de Almeida Cunha Arantes

68. **Ecos da Clínica**
    Isabel Mainetti de Vilutis

69. **Pós-Análise**
    Yeda Alcide Saigh

70. **Clínica do Continente**
    Beatriz Chacur Mano

Coleção Clínica Psicanalítica
Dirigida por Flávio Carvalho Ferraz

TÉRMINO DE ANÁLISE

Yeda Alcide Saigh

© 2008, 2014 Casapsi Livraria e Editora Ltda.
É proibida a reprodução total ou parcial desta publicação, para qualquer finalidade, sem autorização por escrito dos editores.

1ª Edição	2008
1ª Reimpressão	2014
Editor	Ingo Bernd Güntert
Gerente Editorial	Fabio Alves Melo
Coordenadora Editorial	Marcela Roncalli
Assistente Editorial	Cíntia de Paula
Diagramação	Felipe Meyer
Capa	Yvoty Macambira

Dados Internacionais de Catalogação na Publicação (CIP)
Angélica Ilacqua CRB-8/7057

Saigh, Yeda Alcide
  Término de análise / Yeda Alcide Saigh. - 2. ed. - São Paulo : Casa do Psicólogo, 2014. (Coleção clínica psicanalítica / dirigida por Flávio Carvalho Ferraz)
Bibliografia
ISBN 978-85-7396-603-9
1. Psicanálise 2. Psicologia clínica 3. Psicoterapeuta e paciente 4. Teoria psicanalítica

---
13-0947   CDD 616.8917

Índices para catálogo sistemático:
1. Psicanálise

Impresso no Brasil
Printed in Brazil

As opiniões expressas neste livro, bem como seu conteúdo, são de responsabilidade de seus autores, não necessariamente correspondendo ao ponto de vista da editora.

Reservados todos os direitos de publicação em língua portuguesa à

Casapsi Livraria e Editora Ltda.
Rua Simão Álvares, 1020
Pinheiros • CEP 05417-020
São Paulo/SP – Brasil
Tel. Fax: (11) 3034-3600
www.casadopsicologo.com.br

Sumário

Prefácio: Uma questão oportuna, por Luís Cláudio Figueiredo 9

Introdução 13

1 - Quatro diferentes modelos de término de análise 25

2 - Critérios de término de análise 29

3 - O término da análise para Freud, Klein e Bion 33

4 - Principais ideias convergentes encontradas na literatura
    psicanalítica internacional 51
    A introjeção do objeto analítico e o exercício da função
    analítica 52
    Elaboração do luto 58
    Dificuldades de desligamento 64
    Ansiedade de separação 66
    Capacidade de trabalhar 69
    Adaptação à realidade 70
    Relações amorosas adultas 72
    Material onírico relativo a término 76
    Dissolução da neurose de transferência 81

5 - Recomendações técnicas sobre o encaminhamento do término 87

6 - Depoimentos dos analistas..95
   Antonio Sapienza – Analista Didata da SBPSP...........................95
   Laertes Ferrão – Analista Didata da SBPSP..............................106
   Leopoldo Nosek – Analista Didata da SBPSP............................107
   Luiz Meyer – Membro Efetivo da SBPSP..................................112
   Lygia Alcântara do Amaral – Analista Didata da SBPSP...........116
   Marion Minerbo – Analista Didata da SBPSP...........................119

7 - Comentários sobre os depoimentos dos analistas 121

8 - Casos clínicos 129
   Caso A — término clássico 129
   Considerações 140
   Caso B — término clássico previsível..142
   Considerações 161
   Caso C — término com consultas analíticas.............................164
   Considerações 190
   Caso D — análise interminável..191
   Considerações 212

9 - Considerações finais...219

Referências 237

Prefácio:

Uma questão oportuna

Mais de cem anos após a criação da psicanálise, depois das inúmeras e fecundas transformações da psicanálise freudiana, que não a descartam ou 'superam', mas a lançam em novos terrenos clínicos e teóricos (refiro-me às contribuições de Klein, Bion, Winnicott, Kohut e tantos outros), certas questões acerca do processo analítico tornam-se cada vez mais prementes. E isso ocorre não só pela variedade de concepções e perspectivas que se foi instalando a partir do vértice teórico.

Ao longo de todo esse tempo, cresceu também a variedade das modalidades de tratamento analítico: além dos casos clássicos das neuroses estudadas e teorizadas por Freud, abriu-se o leque imenso dos casos difíceis, psicóticos, *borderline*, narcisistas, psicossomáticos, etc.

Todas as dimensões de uma análise precisam ser então repensadas para dar conta dos tratamentos de 'não neuríticos', para usarmos o termo de André Green.

Em especial, cabe-nos repensar, nos contextos da dispersão teórica e da multiplicidade das clínicas, os *objetivos* de uma análise e, ligado a isso, os seus possíveis *términos*.

A dissertação de mestrado de Yeda Saigh, agora transformada em livro, dedicou-se justamente a focalizar essas questões centrais, únicas capazes de dar uma direção e um sentido aos tratamentos e, mais ainda, indispensáveis para sustentar ao longo de dias, semanas, meses, anos e até mesmo décadas o empenho terapêutico do analista.

A oportunidade de seus questionamentos e das rememorações que empreende em sua pesquisa pela história do pensamento psicanalítico é indiscutível, bem como é bem-vinda a sua disposição de organizar o amplo espectro da clínica a partir das suas possibilidades de término.

Boa leitura e bom proveito.

Luís Cláudio Figueiredo

"Only in a successful analysis it is not the sorcerer who uses the magic words, but the apprentice who has learned the magic words from him."
(Buxbaum, 1950, p. 190, lembrando Goethe, *Zauberlehrling*)

"What is past is prologue."
(Shakespeare, apud Grinberg, 1981a, p. 303)

"What we call the beginning is often the end. And to make an end is to make the beginning. The end is where we start from."
(Pedder, 1988, p. 504, lembrando T.S. Eliot, *Little Gidding*)

Introdução

Essa é uma reflexão sobre as ideias, emoções e critérios técnicos pelos quais se constrói o término das análises. É portanto, também, uma reflexão sobre a terminabilidade ou a interminabilidade do processo analítico, bem como sobre os fatores que interferem na manutenção ou não da situação de análise.

A ideia da qual nasceu essa reflexão surgiu no meu consultório, durante as análises de quatro pessoas que passaram pela minha clínica, por acaso, quatro mulheres: uma, que continua em análise há oitos anos; outra, que já encerrou uma análise de dez anos; e duas outras, cujas análises prosseguem há dezoito anos. Em certo momento, comecei a pensar para onde estavam andando aquelas análises, até quando prosseguiriam; se ainda havia relação analítica fértil; se não seria hora de pôr fim àquelas análises tão longas.

Algumas daquelas analisandas, julgava eu, já teriam condições de caminhar sozinhas, sem análise. Entretanto, nas várias vezes em que me parecia que fosse hora de abordar esse assunto com cada uma delas, algum fato novo ocorria durante o processo analítico e me levava a adiar a conversa.

A questão do término das análises, de fato, me acompanha desde o início dos meus estudos. Logo que comecei a estudar psicanálise, um analista amigo meu, Octávio Salles, me disse: "quando você tomar um paciente em análise, pense bem, porque ele vai 'roubar' uma fatia da sua vida." A frase me impressionou e me deprimiu um pouco. Às vezes me sentia mal, porque ficava horas e horas escutando uma pessoa, tentando ajudá-la, e me dava conta de que não dedicava nem a metade deste tempo a meus filhos, aos meus netos, à minha mãe, ao meu marido, ou mesmo aos amigos que, às vezes, me procuravam para conversar, e a quem eu tinha que dizer "não posso", por falta de tempo. Nunca me sentia assim quando estava atendendo mas, sim, quando transcrevia as sessões, ou quando, ao fim de um dia, depois de atender oito, nove, dez pessoas, me sentia muito cansada. Durante vinte anos de profissão, a fala de Octávio Salles muitas vezes voltou-me à memória.

Enquanto redigia esse livro, tive um *insight* e entendi o porquê de ter decidido estudar e escrever sobre o término das análises: escrevendo sobre esses pacientes, eu ressignifiquei o tempo dedicado ao meu trabalho como analista. Resgatei a fatia de vida que eu acreditava estar encapsulada dentro das quatro paredes do meu consultório. Com este resgate recuperei, de uma forma mais elaborada, o trabalho analítico que, antes, permanecera restrito ao consultório, sempre entre duas pessoas.

Há uma historieta que exemplifica o que quero dizer: um motorista de caminhão, com alto grau de miopia, sofreu um acidente no qual o vidro da frente se quebrou e os estilhaços entraram em seus olhos. Depois de ser socorrido, percebeu que estava enxergando muito melhor e não precisava mais de óculos. O oftalmologista que o socorreu descobriu que, com o acidente, os olhos daquele homem haviam sofrido microcortes em volta da íris, que haviam corrigido o formato de um olho míope — que é redondo, fazendo-o oval — que é o formato do olho normal. O acidente devolvera àquele homem a visão normal. Isso aconteceu na Rússia, ainda sob o regime comunista, e foi com grande custo que esse médico conseguiu divulgar esta descoberta tão valiosa e tão simples para os seus colegas do mundo inteiro. Mas foi a partir desse acidente e da publicação dessa descoberta que, hoje, a operação para corrigir a miopia passou a ser acessível a tantos.

Pode-se dizer que, como esse motorista, eu também passei a ver melhor, 'acidentalmente'. Não me sinto mais tão presa dentro de quatro paredes. Meus horizontes ampliaram-se, na medida que me pus a falar e a escrever sobre meu trabalho com cada um dos interlocutores que selecionei para discutir o tema. Posso dividir minha vivência com colegas analistas, ou com outras pessoas que venham a ler esse livro e que, como eu, possam beneficiar-se dessas reflexões acerca de minha experiência clínica.

Esse *insight* lançou uma nova luz sobre o trabalho que me propus desenvolver e me ajudou, inclusive, a ouvir com mais tolerância meus analisandos. Até a necessidade de voltar a pensar sobre aqueles pacientes e aquelas análises e escrever sobre eles, abriu um enorme espaço mental, permitindo uma visão muito mais geral, a despeito da especificidade de cada caso.

Minha intenção ao escrever essa reflexão é também alcançar maior entendimento sobre o quanto deve durar uma análise; sobre se há regras, ou se deveria haver; sobre a possibilidade de que uma relação analítica se mantenha fértil, com os mesmos personagens — analisando e analista —, por mais de dezoito anos. (E, passados dezoito anos, haverá ainda o analisando e o analista que havia no início? É outra pergunta que me coloco.) Assusto-me quando penso há quantos anos determinado analisando está em análise; mas essa ideia jamais me ocorre na intimidade do dia a dia com cada um. No consultório, o passar dos anos, sejam quantos forem, parece ser sempre fato normal.

Creio que não se pode generalizar, e cada caso é um caso. Mas penso que, através dos quatro casos que abordo aqui — de analisandas, cujas análises me chamaram particularmente a atenção devido à longevidade —, é possível propor e discutir *quatro diferentes modelos de término de análise*. É o que faço adiante, considerando que casos como os das analisandas que discuto aqui não devam ser tão incomuns em outras clínicas. Assim, penso que os quatro modelos que proponho poderão ser testados em coleções mais amplas de casos clínicos, para que se aprimore, também, a classificação que apresento, adiante, no segundo capítulo desse livro.

Para construir essa reflexão, pensei também sobre os diferentes critérios propostos por diferentes analistas, para pôr término à situação de análise. A questão dos critérios é objeto do terceiro capítulo.

É necessário esclarecer desde já, que faço aqui uma distinção terminológica entre *situação* de análise e *processo* de análise. À primeira se pode pôr um fim, optando — analista e analisando — por não mais se encontrarem; a segunda pode vir a tornar--se um processo dinâmico inesgotável, de autoconhecimento e expansão do mundo mental.

Ao abordar a questão do término de análise, privilegiei especialmente as contribuições de Freud, Klein e Bion, associando-as às suas respectivas concepções de saúde mental. O quarto capítulo está construído a partir desse foco. Escolhi estes autores em função não apenas de sua importância no cenário psicanalítico internacional, mas, também, de sua marcada influência em minha formação.

No capítulo quinto, trato das principais ideias convergentes encontradas na literatura psicanalítica internacional disponível sobre o tema. Entre estas, chamou-me particularmente a atenção a questão da introjeção do objeto analítico decorrente de um processo de análise bem-sucedido. Foi o que tomei em consideração como critério, ao me debruçar sobre minha experiência clínica e tentar articulá-la com a teorização já existente sobre o assunto. O rastreamento teórico incluiu cerca de cento e vinte autores que escreveram sobre a questão do término de análise. Duas ideias se destacaram como aquelas sobre as quais incide o interesse da maior parte dos autores: a questão da elaboração do luto consequente ao término da análise e a questão das dificuldades de desligamento entre analisando e analista. Em seguida, a literatura aborda temas como ansiedade de separação, capacidade de trabalhar, adaptação à realidade, relações amorosas adultas, material onírico relativo a término e dissolução da neurose de transferência. Algumas citações foram extraídas dessa bibliografia, e figuram no texto em português, tendo sido livremente traduzidas por mim. Os textos originais se encontram nas notas de rodapé correspondentes.

As recomendações técnicas que encontrei, relativas à questão de como encaminhar o término da análise, são também oferecidas adiante, no capítulo sexto.

No capítulo sétimo ofereço alguns depoimentos, que recolhi para a minha dissertação de mestrado, de analistas da Sociedade Brasileira de Psicanálise de São Paulo. No capítulo oitavo, comento esses depoimentos.

O penúltimo capítulo reúne material clínico ilustrativo da evolução de quatro casos por mim atendidos, que são apresentados, então, como exemplos de quatro modalidades de término de análise.

Finalmente, o último capítulo reúne minhas considerações finais, fruto da articulação da prática com a teoria.

Uma vez anunciado o percurso que o leitor seguirá ao me acompanhar, é preciso ainda esclarecer algumas questões de terminologia.

Empreguei a palavra *término* ao invés de *interrupção*, porque assumi que estudaria, exclusivamente, processos analíticos que não se previa que fossem retomados. Por outro lado, evitei o termo *alta* ou *cura*, porque são termos muito comprometidos com o vocabulário médico. Também preferi o termo *analisando* ao termo *paciente*, para indicar uma relação menos assimétrica, em que não há médico — pressuposto agente ativo, que aplica um procedimento terapêutico a um sujeito pressuposto passivo — nem 'doente'. Não havendo médico que avalie alguma melhora em algum doente-paciente, e que o considere 'curado', não se pode tampouco falar em *alta*. Embora analista e analisando ocupem lugares diferentes e desempenhem funções distintas num processo analítico, ambos estão comprometidos com o mesmo processo, sempre viva e ativamente. O analista não faz um diagnóstico da 'doença' do paciente; nem, com base nesse diagnóstico, prescreve um procedimento terapêutico que, se eficaz, leva o médico, um dia, a optar por dar alta ao doente. Numa relação psicanalítica, estabelece-se outro tipo de relação entre duas pessoas; e ambas, de comum acordo, optarão por não mais se encontrarem, em um dado momento do processo. Conforme o referencial teórico que norteia o trabalho de um ou outro analista, variarão os parâmetros que o analista considerará, caso a caso. Mas esses parâmetros sempre serão diferentes dos parâmetros médicos.

Para decidir que é hora de começar a construir o término de uma análise, o analista considerará sempre parâmetros psicanalíticos, antes de quaisquer outros parâmetros. Dentre esses parâmetros psicanalíticos destacam-se os seguintes, por exemplo: introjeção do objeto analítico, capacidade de se autoanalisar, capacidade de conviver com a ambivalência, mobilidade psíquica, maior nível de autoconhecimento, mobilização de recursos para lidar com conflitos, utilização de defesas menos primitivas, desenvolvimento da vida de fantasia, dentre muitos outros.

É preciso ter claro também, como diz Freud (1937) em *Análise terminável e interminável*, o que se quer dizer pela expressão ambígua "o término de uma análise":

> De um ponto de vista prático, é fácil responder. Uma análise termina quando analista e paciente deixam de encontrar-se para a sessão analítica. Isso acontece quando duas condições foram aproximadamente preenchidas: em primeiro lugar, que o paciente não mais esteja sofrendo de seus sintomas, e que tenha superado suas ansiedades e inibições; em segundo, que o analista julgue que foi tornado consciente tanto material reprimido, que foi explicada tanta coisa ininteligível, que foram vencidas tantas resistências internas, que não é o caso de temer-se uma repetição do processo patológico em apreço (p. 230).

Minha intenção, nesse livro, é refletir não apenas sobre o término de análise como processo, mas também sobre a dificuldade que analista e analisando experienciam, ao se desligarem. O analisando que não consegue desvincular-se do analista parece não ter ainda um objeto interno com o qual possa contar para exercer a função analítica. Desse modo, podemos ver a análise como um aprendizado, que consiste na introjeção, pelo analisando, da função analítica; ou como uma tentativa de o paciente conviver com uma dependência de seus aspectos infantis, em relação ao objeto provedor (analista). Se a sua dependência for aterrorizante, o analisando exigirá um objeto idealizado, um analista fantástico. Se a dependência puder ser controlada, se o analisando aceitar conviver com suas carências, suas dependências, se tiver algum objeto com o qual possa lidar, não idealizado, mas que o ajude a dar conta da situação de dependência, ele não regredirá tanto. Em um certo momento, espera-se que possa superar tal situação e continuar a caminhada sozinho.

Trata-se de avaliar como o analisando se relaciona com a sua vida mental — e isso é limitado —, pois não se espera que o analisando saia 'curado', que saia sem atuar. Não é esta a ideia. O objetivo da análise é ajudar o analisando a ganhar uma maior familiaridade com o seu mundo interno, com o seu universo psíquico. Nesse sentido, a análise é interminável e não se interrompe. O que termina é a *relação* analista-analisando, a *situação* de análise. A análise terminaria, assim, quando analista e analisando deixassem de se encontrarem para a sessão analítica.

Minha experiência mostrou, várias vezes, que as análises terminam quando o analisando está muito mais apto emocionalmente para começá-la, do que quando chegou ao consultório. É uma pena! Mas a vida não é só análise. Analista e analisando que se deem conta disso e que saibam que a análise é — ou deve ser — sempre terminável, poderão elaborar o término de modo mais satisfatório. O término não é pré-datado, mas tem de estar previsto como horizonte necessário, cuja datação dependerá da história de cada análise.

Essa, portanto, é uma reflexão construída a partir da experiência clínica, que traz consigo uma reivindicação teórica e técnica. Inspira-me antes a clínica que a teorização, embora não desconsidere a importância da teoria.

A análise um dia tem de terminar, cedendo o lugar dos encontros analista-analisando no consultório para um novo espaço psíquico que se abre no mundo interno do indivíduo, um espaço de diálogo consigo próprio, sustentado por um objeto analítico que dele cuida e o acompanha e do qual, reconhecidamente, depende. Desta forma, aumenta a necessidade da pessoa ilusoriamente possuir o objeto, de conservá-lo dentro de si e, se possível, de protegê-lo de sua destrutividade.

O adiamento do término da análise decorre, muitas vezes, da ansiedade depressiva e do medo do encontro com a solidão. Muitas análises intermináveis cuja longevidade não podemos entender, envolvem uma relação de tal modo narcísica, que mantém a dupla enredada numa transferência fusional —, na qual não há o reconhecimento de um objeto separado, mas uma fantasia de continuidade com o mesmo. Como se o analisando, inconscientemente, imaginasse poder continuar sendo contido, acolhido e nutrido *ad aeternum* por um analista — seio inesgotável.

Estou convencida de que a autoanálise que se segue a um processo analítico, essa sim, é interminável. A vida nos propõe sempre novos enigmas e desafios e fatalmente nos sentiremos instigados a decifrá-los e superá-los.

1.

Quatro diferentes modelos de término de análise

Ao caso A, denominei de *clássico com término*. Com essa denominação, faço referência ao fato de que a analisanda chegou com uma queixa específica, passou por todas as etapas características de uma análise — idealização, transferência positiva e negativa, elaboração de questões edípicas, gradual desidealização, capacidade de conviver com a ambivalência e com o conflito, entre outras tantas —, teve uma boa evolução e introjetou o objeto analítico. Terminamos aquela análise, de comum acordo, após dez anos de trabalho.

Ao caso B, denominei de *clássico com término previsível*. O caso se assemelha ao primeiro, exceto pelo fato de que, apesar da boa evolução demonstrada e de a função analítica ter aparentemente sido introjetada, a analisanda não aceita desligar-se. Minha suposição é de que se trata de uma pessoa extremamente sozinha e que, no momento presente, volta ao consultório apenas para conversar comigo. Faço a hipótese de que ela ainda precise relacionar-se comigo como com um objeto externo real. Acredito estar às voltas com uma situação que tende a se resolver em breve; por este motivo usei a expressão "término previsível".

Ao caso C, denominei de *término com acompanhamento por meio de consultas analíticas*. Trata-se de um caso semelhante ao primeiro, no sentido de que a analisanda chegou com uma queixa específica e passou por todas as etapas características de uma análise. Mas a analisanda manifesta enorme dificuldade para interromper as sessões. Optamos (ela e eu) por sessões espaçadas, realizadas a cada quinze dias: é o que chamo de "consultas analíticas", inspirada numa supervisão realizada com Pierre Fédida[1], há alguns anos.

Ao caso D, denominei de *análise interminável*, em função das características dessa analisanda. Tudo, nesse caso, sugere um quadro de analisanda *borderline*, que faz numerosas atuações (*actings out*) e parece precisar permanentemente de que um objeto externo exerça a função de contê-la. Tal objeto ora é representado por uma pessoa da família, ora pela analista. O quadro aponta para a necessidade de atenção constante.

Curiosamente, depois de ter selecionado os casos, reparei que tinham algo em comum: o fato de que em todos eles parece ter havido um exercício precário da função materna ou, nas palavras de Winnicott (1985), parece ter faltado uma "good enough mothering". Essa ideia suscitou em mim uma pergunta: será que a dificuldade de introjetar o objeto analítico, condição

---

[1] Pierre Fédida, psicanalista francês (1934-2002).

pressuposta necessária para construir um término de análise bem-sucedido, teria a ver com esta falha no desenvolvimento emocional primitivo dessas analisandas?

De fato, minha impressão, ao lidar com essas analisandas é de que há nelas uma falta, às vezes impossível de ser preenchida (Grupo D), da qual se pode pensar que, talvez por nunca terem tido essa vivência de plenitude que um bebê pode experimentar no par que forma com sua mãe, todas as separações passam a ser vivenciadas como muito difíceis. Outras, como nos grupo A, B e C, há grande possibilidade de terem essa falta preenchida pela análise. Essa questão será discutida pormenorizadamente, adiante, nas considerações finais.

Esses quatro casos de análises longas e de difícil término me motivaram para discutir o término, tema desse livro.

2.

Critérios de término de análise

Como método para construir a reflexão que aqui ofereço, comecei por uma extensa revisão bibliográfica. Optei, então, para enriquecer a discussão, por colher depoimentos de colegas psicanalistas da Sociedade Brasileira de Psicanálise de São Paulo e conversar com diversos colegas a respeito do assunto.

Para que a discussão não se generalizasse demais e perdesse o foco, decidi eleger, como critério fundamental a partir do qual discutir as questões do término de uma análise, a capacidade do analisando introjetar a função analítica.

Ao me decidir por esse critério, deliberadamente renunciei a vincular o fim do tratamento à remissão de sintomas — o que caberia numa perspectiva médica, mas não numa postura psicanalítica.

Ocorrem-me a este propósito, as palavras de Luiz Meyer, em depoimento que me concedeu, no final de janeiro de 1997:

> Para um critério psicanalítico, o que interessa é a possibilidade de o sujeito caminhar para uma autoanálise. O que

> é uma autoanálise? É a internalização de um objeto com essa função com o qual o sujeito dialoga. Nesse sentido, a análise é interminável; nesse sentido não há interrupção da análise, há o fim da análise. Analista e analisando param de se encontrar. (p. 91).

A introjeção de um *objeto analítico* que acompanha e contém o paciente, dando-lhe sustentação e servindo-lhe como um interlocutor que ele mantém vivo dentro de si, resulta do maior contato que a análise lhe proporcionou com sua vida mental — e isso é um processo sem fim. Mas, existem analisandos que nunca serão capazes de introjetar um objeto analítico e, talvez, nunca venham a conseguir ter uma organização mental, uma vida emocional mais ou menos equilibrada, sem uma ajuda permanente.

Outros tantos aparentemente até teriam condições de abrir mão desta ajuda, mas não conseguem enfrentar a separação, a perda, o luto, enfim, todas essas situações extremamente dolorosas que o término da análise inevitavelmente mobiliza.

A situação de término ocorre, usualmente, em função de um consenso a que chegam analista e analisando: a partir de uma determinada data, não precisarão mais se encontrar.

Talvez não possamos discutir a questão do término desvinculando-a de uma reflexão sobre quem é o paciente que nos procura, que expectativas traz consigo, que fantasias faz a respeito do que seja uma análise, o que deseja obter do analista.

De fato, antes de discutir os critérios para término de análise, seria necessário avaliar os critérios para o *início* da análise. Segundo Laertes Ferrão, um dos mais antigos e conceituados analistas da Sociedade Brasileira de Psicanálise de São Paulo, *"quando o sujeito chega no seu consultório vem numa 'lona' de dar dó"*, ou, em outras palavras, vem em busca de meios mágico--onipotentes para livrar-se da dor e do sofrimento. Quem nos procura não tem muita ideia do que pode encontrar numa análise, e poucos talvez saibam diferenciar um trabalho analítico de uma terapia comum; anseiam por "se livrar" de um desconforto, "sarar" de uma depressão, "curar" uma angústia. Correm o risco de ficar anos numa análise, sem que ocorra qualquer expansão mental, apenas entretendo-se (analista e analisando) mutuamente.

Na minha experiência clínica, tenho observado que os analisandos demoram um tempo para *entrarem* em análise, alguns mais e outros menos. Compartilho da opinião de colegas, de que alguns analisandos nunca chegam a desenvolver recursos para se submeterem à psicanálise. Ferrão comenta ainda que é comum os analisandos repetirem *"processos defensivos do início da vida psíquica, próprios para a sobrevivência psíquica, na ausência do crescimento mental pelo aprender da experiência emocional, e nos usam e usam a psicanálise como continente do objeto narcísico idealizado, em todas as suas variações — corolário do poder e da dor."* O risco que se corre nesta situação é o de entretermos, com o analisando *"uma relação idealizada, um relacionamento parasitário no qual analista e analisando não aprendem da experiência analítica e, juntos, acabam por produzir um terceiro objeto — o entretenimento, a falsa psicanálise —, que destrói os três: o desenvolvimento cognitivo emocional do analista, o do analisando, e a psicanálise.*" (p. 84).

3.

O TÉRMINO DA ANÁLISE PARA FREUD, KLEIN E BION

"*A experiência nos ensinou que a terapia psicanalítica — a libertação de alguém de seus sintomas, inibições e anormalidades, de caráter neuróticos — é assunto que consome tempo*" (Freud, 1937).

Freud abre assim o seu magnífico *Análise terminável e interminável*. Publicado em 1937, aí se discutem, de forma lúcida e crítica, as limitações que restringem a eficácia terapêutica e profilática da psicanálise, bem como as dificuldades com que se defronta o analista no exercício de sua função.

"*Quase parece como se a análise fosse a terceira daquelas profissões impossíveis, quanto às quais, de antemão, se pode estar seguro de chegar a resultados insatisfatórios. As outras duas, conhecidas há muito mais tempo, são a educação e o governo*", diz Freud, no mesmo artigo.

Ao editor inglês, parece que, neste trabalho, Freud demonstra ceticismo em relação ao alcance profilático da psicanálise, o que contradiria opiniões por ele expressas anteriormente. Por exemplo, na Conferência XXVII das Conferências introdutórias, em que afirmara: "*Uma pessoa que se tornou normal e livre da operação dos impulsos instintuais reprimidos em sua relação com o médico permanecerá assim em sua própria vida, depois de o médico mais uma vez ter se retirado dela*" (Freud, 1916-1917). Ou, na Conferência seguinte, quando assevera:

> Um tratamento analítico exige, tanto do médico quanto do paciente, a realização de um trabalho sério, que é empregado para levantar resistências internas. Mediante a superação dessas resistências, a vida mental do paciente é permanentemente modificada, elevada a um nível mais alto de desenvolvimento, ficando protegida contra novas possibilidades de (o paciente) cair doente (p. 244).

Embora descreva tentativas empreendidas por ele próprio, por Otto Rank e por Ferenczi, no sentido de abreviar a duração das análises, Freud acaba por concluir que todas foram infrutíferas.

Tais tentativas foram empreendidas por Freud, em casos em que ele sentiu que a relação analítica havia se esgotado, manifestando uma espécie de estagnação. Na expectativa de trazer material relevante à tona, Freud propôs uma data de término e chamou a este recurso "artifício técnico compulsório".

Freud discute, em *Análise terminável e interminável*, não apenas a duração ideal de um processo analítico, mas sua terminabilidade, ou seja, sua eficácia terapêutica e profilática. Será a análise capaz de levar o paciente a alcançar esta ficção que consistiria em "um nível de normalidade psíquica absoluta"? E, além disso, de conferir uma espécie de "imunidade" contra a emergência de novos conflitos? Poderá a análise agir terapeuticamente sobre um conflito que ainda não se atualizou em termos da vivência do paciente, antecipá-lo artificialmente por assim dizer? Freud acredita que não; e eu estou de acordo com sua posição.

Três fatores são identificados, por Freud, como decisivos para o *"sucesso ou não do tratamento analítico — a influência dos traumas, a força constitucional dos instintos e as alterações do ego"* (Freud, 1937).

Após extensa discussão sobre a importância relativa de cada um desses fatores para que uma análise possa ser considerada exitosa e terminada, Freud mostra-se ainda reticente quanto à possibilidade desse fim bem-sucedido.

Dependerá o alcance profilático da análise da etiologia da neurose do paciente? Freud afirma que as neuroses traumáticas são as que oferecem as melhores possibilidades para que uma análise seja bem-sucedida. Não descarta, no entanto, o fator sorte, quando se refere ao fato de que alguns indivíduos poderão ter sido poupados por "um destino bondoso" de "provações demasiadamente severas" (Freud, 1937).

Os efeitos duradouros de um processo de análise são, neste momento de sua obra, quase ao fim de sua vida, considerados relativos e variáveis.

Freud discute as forças instintuais que se opõem ao restabelecimento do paciente, Eros e destrutividade, bem como os mecanismos de defesa que possam ter produzido uma alteração do ego e se tornado "modalidades regulares de reações de seu caráter", adquirindo um caráter repetitivo. Essa ideia já havia sido formulada em seu artigo "Recordar, repetir e elaborar" (Freud, 1914); na medida em que esses mecanismos possam ter favorecido uma alienação em relação ao mundo interno e um enfraquecimento do ego, predisporiam o indivíduo à neurose.

Como diz Freud, muito acertadamente, ninguém pode *"fugir de si próprio"*. *"Um ego paralisado por suas restrições e cegado por seus erros"*, submetido à tirania do Princípio do Prazer, faz com que, *"na esfera dos eventos psíquicos"*, o indivíduo pareça *"caminhar num país que não (se) conhece, sem dispor de um bom par de pernas"* (Freud, 1937).

Nesta passagem, o pensamento de Freud, de certa forma, antecipa as ideias de Klein e Bion. Por exemplo, quando Melanie Klein (1946) comenta que um recurso excessivo à identificação projetiva — portanto, a um mecanismo defensivo —, resulta em um empobrecimento do *self*. Ou quando Bion postula que a tentativa de um indivíduo evadir-se da dor — mobilizada pelo contato com o seu mundo interno e com a realidade externa —, o enfraquece e o desestabiliza. Ambas as posições se aproximam da de Freud.

Em "Sobre os critérios para o término de uma análise" de 1950, Klein afirma que *"maior estabilidade"* e *"mais senso de realidade"* colaboram para o desenvolvimento do ego. E acrescenta que *"um elemento intrínseco a uma personalidade profunda e plena é a riqueza da vida de fantasia e a capacidade para vivenciar emoções livremente*". Tal elemento evidentemente supõe um maior contato do paciente com sua vida mental.

Esse contato volta a ser valorizado por Klein quando, em "Sobre a Saúde Mental" (1960), escreve que sua "*descrição de saúde mental não é compatível com superficialidade, isso porque superficialidade se liga a negação do conflito interno e das dificuldades externas. Lançar mão em excesso da negação se deve*", diz ela, "*a não ser o ego forte o suficiente para lidar com a dor*"; e isto "*impedirá o insight sobre a vida interior e, assim, uma real compreensão dos outros*". "*Um insight insuficiente*" continua, "*resulta em que partes da personalidade permanecem desconhecidas*". A metáfora a que recorre Freud: "*caminhar num país que não se conhece sem dispor de um bom par de pernas*" cabe aqui como uma luva. E isto prejudica, segundo Klein, a emergência e a expressão de "*dons e talentos*".

Se Freud fala em mecanismos de defesa em geral e dá especial ênfase à repressão[1], Melanie Klein se reporta prevalentemente aos mecanismos de cisão e negação. No entanto, a ideia é a mesma — a de um ego empobrecido e enfraquecido, no dizer de Klein, ou restrito, paralisado e cego, no dizer de Freud. Um ego que, segundo ele, teria pago "*um preço alto demais pelos serviços que*" [...] "*lhe prestam os mecanismos de defesa*". O objetivo da análise não será portanto, para Freud,

---

[1] Freud se ocupa predominantemente de repressão em seu artigo *Análise terminável e Interminável*, de 1937. No entanto, no artigo de 1940, A divisão do ego no processo de defesa, refere-se também a um outro mecanismo, o de divisão, para o qual utiliza a expressão *Ichspaltung*, que se assemelha à expressão *splitting* usada por Melanie Klein quando se refere à cisão.

o de "*dissipar todas as peculiaridades do caráter humano em benefício de uma 'normalidade esquemática', nem tampouco exigir que a pessoa que foi 'completamente analisada' não sinta paixões, nem desenvolva conflitos internos. A missão da análise é garantir as melhores condições possíveis para as funções do ego*" (Freud, 1937); isso feito, a análise ter-se-á desincumbido bem de sua tarefa — como conclui.

Em *Análise terminável e interminável*, Freud também vincula o êxito de uma análise a um trabalho aprofundado sobre a transferência negativa, cuja intensificação pode solapar ou inviabilizar o desenvolvimento do processo. Tal ideia é endossada por Klein. A ênfase que confere Freud ao aporte constitucional, à dotação individual do ego de cada analisando, em termos de disposições e tendências, o aproxima igualmente de Klein.

A mobilidade psíquica de um indivíduo — que parece despontar do texto de Freud como um dos critérios de êxito e, consequentemente, de indicação de término de análise — será também por ele avaliada em termos da teoria da libido, em particular sob o prisma da plasticidade ou da viscosidade desta, bem como da inércia psíquica que revelam certos analisandos, o que variará em função da pessoa, história, faixa etária e momento de vida.

Segundo Laplanche & Pontalis (1967), a plasticidade da libido "*constitui um fator importante na indicação e prognóstico do tratamento psicanalítico, pois que a capacidade de mudança assenta principalmente, segundo Freud, na capacidade de modificar os investimentos libidinais*" (p. 436).

Em um trabalho de 1972, publicado na *Revista Brasileira de Psicanálise*, Mário Pacheco de Almeida Prado menciona caber ao analista "*ajudar o paciente a se desentranhar de seus objetos, partindo do objeto-analista mesmo e a tolerar a percepção da absoluta solidão da pessoa humana*". Parece-me que esta observação condiz inteiramente com a capacidade de mudança psíquica acima descrita.

Em seu trabalho de 1937, Freud também examina como interage em cada um o dualismo pulsional Eros e Tánatos, como opera em cada um "a solda e a defusão destes componentes instintuais". Tais características também são identificadas como variáveis que podem favorecer ou dificultar o êxito de uma análise.

Na mesma direção vai a afirmativa de Melanie Klein (1960), de que sua descrição de saúde mental se baseia num "[...] *interjogo entre as fontes fundamentais da vida mental — os impulsos de amor e de ódio — interjogo no qual a capacidade de amor é predominante*" (p. 309).

Embora apoiada num referencial distinto do de Freud, Melanie Klein (1950) também advoga a ideia de que uma mudança psíquica duradoura só pode ocorrer na medida em que os "[...] *impulsos agressivos e libidinais tiverem-se aproximado e o ódio tiver sido mitigado pelo amor*" (p. 69). Tal aquisição, quando suficientemente consolidada, justificaria pensar que o término da análise estaria próximo. No entanto, a posição de Melanie Klein defendida em 1950, em relação ao término da análise, não se mostrará mais tão otimista em 1958.

Reportemo-nos a Luis Cláudio Figueiredo, em seu trabalho "O fim de análise em Melanie Klein — Uma leitura desconstrutiva" (2000), quando ele diz:

> No texto "On the Development of Mental Functioning", falado em 1957 e publicado em 1958, Melanie Klein postula a existência de objetos maus não integráveis e, correlativamente, de objetos idealizados irredutíveis (Klein, 1958/1984). Seriam, os primeiros, objetos ainda mais assustadores e terríveis que aqueles que até então ela supunha existirem no superego precoce e cruel.
>
> Os objetos superegoicos, idealizados positiva ou negativamente, poderiam, com esforço, vir a se integrar e a fortalecer o ego, embora introduzindo sempre a ambivalência e a inquietude. Era isso que ela postulava no texto de 1950 sobre o final de análise. Já em 1958, o que ela admite é que há extremos muito mais radicais e que o psiquismo egoico, a vida consciente do ego, jamais será capaz de, mesmo ao fim mais cabal de uma análise bem-sucedida, integrar estas polaridades excessivas (p. 80).

Retomando o trabalho de Freud (1937) e focalizando um outro aspecto, que diz respeito ao analista e não mais ao analisando, penso que ele permanece extremamente atual, mesmo mais de 65 anos depois de publicado, pois, entre os fatores que influenciam as perspectivas da terapia analítica, considera não só "*a natureza do ego do paciente, mas também a individualidade do analista*".

Hoje, todos os trabalhos escritos sobre análise aludem à dupla ou ao par analítico. Freud já se ocupava das questões relativas à subjetividade do analista em 1937, ao referir-se "às condições especiais do trabalho analítico", em oposição às da prática médica. Um médico pode adoecer e continuar a clinicar com sucesso; ao passo que as dificuldades pessoais do analista, quando não elaboradas, interferem, segundo as palavras de Freud, "*em sua efetivação de uma avaliação correta do estado de coisas de seu paciente e em sua reação a elas de maneira útil*".

Outra afirmação que Freud faz a seguir, diz respeito ao compromisso do analista com a verdade. Escreve ele: "*E, finalmente, não devemos esquecer que o relacionamento analítico se baseia no amor à verdade — isto é, no reconhecimento da realidade — e que isso exclui qualquer espécie de impostura ou engano*".

Tal assertiva será de certo modo endossada por Bion que, em 25 de outubro de 1959, escreverá em *Cogitações* (1992):

> Os procedimentos psicanalíticos pressupõem que haja, para o bem-estar do paciente, um constante suprimento de verdade, tão essencial para sua sobrevivência quanto o alimento é essencial para a sobrevivência física. Além disso, pressupomos que uma das precondições para sermos capazes de descobrir a verdade, ou pelo menos para procurá-la na relação que estabelecemos conosco e com os outros, é

descobrirmos a verdade sobre nós mesmos. Supomos que, em princípio, não podemos descobrir a verdade sobre nós mesmos sem a assistência do analista e dos outros (p. 111).

Ou ainda, em 11 de fevereiro de 1960: *"Verdade é algo que o homem necessita expressar; é algo que precisa procurar e encontrar; é essencial para a satisfação de sua curiosidade"* (p. 136).

É fundado neste amor à verdade que Freud (1937) recomenda que todo analista se reanalise periodicamente. *"Isso significaria, portanto, que não seria apenas a análise terapêutica dos pacientes, mas sua própria análise que se transformaria de tarefa terminável, em interminável"*.

A atitude verdadeiramente científica que permeia toda a obra de Freud manifesta-se aqui mais uma vez. Debruçando-se sobre sua experiência clínica e levando em conta as experiências de colegas, Freud admite com sinceridade que, embora em uma série de casos tenha sido possível dar ao analisando *"um adeus definitivo, rebus bene gestis (as coisas tendo sido bem resolvidas), em muitos outros isto não ocorreu"*. Por isso previne seus leitores e nos previne — nós, analistas —, que não alimentemos expectativas ou ambições excessivas em relação aos resultados da análise.

A ideia que resulta do texto de Freud — e com a qual o trabalho de Melanie Klein de 1950 parece concordar — é a de que a análise enquanto situação concreta de encontros regulares entre analista e analisando pode terminar, mas o processo de análise enquanto processo de investigação da verdade psíquica de cada um, não tem fim.

Freud (1937) manifesta a crença de que os estímulos que o analisando tenha recebido na análise "*não cessem quando esta termina*", de que "*os processos de remodelamento do ego prossigam espontaneamente no indivíduo analisado*", e "*que se faça uso de todas as experiências subsequentes nesse recém-adquirido sentido*". Nesta passagem de seu trabalho, Freud está se referindo aos assim chamados "candidatos" a analistas e à análise conhecida nos meios analíticos institucionais como "didática". Mas, creio que podemos estender esta ideia a analisandos comuns, cujas análises tenha chegado a bom termo. Quando uso esta expressão, tenho em mente analisandos que tenham sido capazes de introjetar o objeto analítico ou, recorrendo à terminologia de Bion, que tenham sido capazes de aprender da experiência de análise, desenvolvendo a intuição e a capacidade de pensar.

Não encontrei, em minha revisão bibliográfica, nenhum texto de Bion especialmente consagrado ao tema "término de análise". Encontrei, entretanto, em *Conversando com Bion: Bion em Nova Iorque e em São Paulo* (1978/1980), duas menções interessantes à questão: a primeira, na página nove, onde o autor, respondendo a uma pergunta sobre a possibilidade de o analista ser tão completamente analisado quanto possível, pondera:

> Será que a única abordagem é uma psicanálise que prossegue por dois, três, quatro anos, cinco vezes por semana, *ad infinitum*? Esperar-se-ia que não. Entretanto, paralelamente a esta

consideração, jamais cruzei com nada que seja mais efetivo, e estou suficientemente convencido de sua efetividade para querer persistir nela. Ainda assim é perigoso ficar satisfeito com a própria análise: um psicanalista deve ser insatisfeito com a psicanálise.

Não esquece, porém, de aludir à resistência que isto evoca, e comenta:

> Todos nós odiamos a tempestade que implica o ato de rever nossas visões; é muito perturbador pensar que poderíamos chegar a mudar a tal ponto e sentirmo-nos compelidos a mudar de parceiro, ou profissão, ou país, ou sociedade. Assim, a pressão para dizer 'daqui não passo' estabelece uma resistência ao aprendizado (p. 9, 10).

A análise é, portanto, considerada por Bion como algo que se assemelha a um aprendizado, e dos mais perturbadores. Sobre a questão do término da análise, em outra de suas "conversas", Bion (1978/1980) se mostra muito reticente, especialmente porque encara a análise como um processo de desenvolvimento mental. Diz ele:

> É muito difícil ver qual é o equivalente de 'a termo' no desenvolvimento mental. Qual é o momento em que o paciente pode abandonar, de modo seguro, como se assim

> fosse, o interior do analista? Em análise, ou em medicina comum, o doutor pode ser bastante cauteloso. Ele pode baixar regras; o paciente *deve* continuar o tratamento, ou *deve* ficar no hospital; ou ainda *não* pode começar a trabalhar, e assim por diante. Isso pode chegar a extremos, caso o doutor não queira correr o risco de ser responsável por uma falha. Então ele pode atrapalhar o processo do paciente em direção à independência. Só que deve haver um momento certo para deixar o hospital, ou um momento certo para deixar a análise — não ficando seduzido por um término precoce, nem tampouco aterrorizado em prosseguir (p. 53).

Nada garante, no entanto, que em algum momento, apesar de o analisando ter "aprendido como ser independente", não venha a ocorrer alguma espécie de "distúrbio", algum evento "explosivo", que venha a provocar "tumulto" ou "turbulência". O que prova que, para Bion, apesar de a análise enquanto *situação* poder chegar a um término, seu alcance em termos profiláticos é duvidoso.

A análise enquanto *processo* parece não ter fim. É o que pode ser depreendido do que Bion declara em outra de suas "conversas", onde expõe as limitações da análise: "*Não posso ser analisado por completo — não acho que isso exista. Algum dia tem que parar; depois disso vou ter que fazer daquilo que sou o melhor que puder*" (1978/1980, p. 112).

Embora nosso foco tenha incidido, até o momento, sobre a questão do término de análise para Freud, Melanie Klein e

Bion, julgamos que seria interessante "ouvi-los" dialogarem sobre suas respectivas concepções de saúde mental. De certa forma, os critérios que estabeleceram ou poderiam vir a estabelecer em relação a término de análise devem delas decorrer necessária e implicitamente.

A contribuição de Melanie Klein ao tema do término de análise pode ser encontrada em dois trabalhos seus, publicados com um intervalo de uma década: "Sobre os critérios para o término de uma psicanálise", de 1950, e "Sobre a Saúde Mental", de 1960.

Sua tese, segundo a define a Comissão Editorial Inglesa de suas Obras Completas, em relação a "Critérios", "*é a de que o término de uma psicanálise, o que por si só reativa a ansiedade, é alcançado quando as ansiedades, persecutórias e depressivas são suficientemente reduzidas pela elaboração das posições infantis esquizoparanoide e depressiva. Um outro ponto por ela sustentado*", acrescenta a nota explicativa, "*é que esse critério está ligado a — e fundamenta — outras indicações de término, geralmente aceitas*" (Klein, 1950, p. 64).

O modelo que Klein propõe para o término da análise é o do desmame; disso decorre que este momento reative "*no paciente situações mais arcaicas de separação*". Na verdade, cada luto importante a ser elaborado por um indivíduo ao longo de seu ciclo vital remete a este luto fundante e primeiro. Citando Etchegoyen (1987), para Klein, todo luto é um luto por todos os lutos. Ou, recorrendo às palavras da própria autora:

[...] minha abordagem ao problema do término de análises, tanto de criança quanto de adulto, pode ser definida da seguinte forma: a ansiedade persecutória e a depressiva deveriam estar suficientemente reduzidas e isso — em minha concepção — pressupõe a análise das primeiras experiências de luto.

A modificação das ansiedades persecutórias e depressivas está na base de um desenvolvimento emocional que pode ser traduzido nos seguintes critérios de término de uma análise: "[...] *potência e heterossexualidade estabelecidas, capacidade de amar, estabelecer relações de objeto e trabalhar, e certas características do ego que operam a favor da estabilidade mental e estão ligadas a defesas adequadas*". [...] "*Quanto às capacidades de amar e de estabelecer relações de objeto, pode-se facilmente perceber que elas só se desenvolvem livremente se a ansiedade persecutória e a ansiedade depressiva não forem excessivas*" (Klein 1950, p. 67-8). A estes critérios, Melanie Klein acrescenta ainda: um desenvolvimento do ego, expresso através de maior estabilidade e senso de realidade; e uma personalidade profunda, capaz de vivenciar livremente toda uma gama de emoções e de manifestar uma rica vida de fantasia.

No artigo publicado dez anos mais tarde, Melanie Klein (1960) postula que "*uma personalidade bem integrada é a base da saúde mental*" e que isto inclui "*maturidade emocional, força de caráter, capacidade de lidar com emoções conflitantes, equilíbrio entre as vidas interna e adaptação à realidade e uma bem-sucedida fusão das diferentes partes da personalidade em um todo"*. E acrescenta mais adiante: *"Equilíbrio não significa evitar conflitos; supõe a força para atravessar emoções penosas e poder lidar com elas"*. Expressa ainda o ponto de vista de que *"saúde mental não é compatível com superficialidade"*.

A uma primeira leitura, esse ideal de saúde mental — minuciosamente descrito, de forma articulada, com a teoria das posições — pareceria inatingível. No entanto, o que transparece através de uma leitura mais atenta é que a saúde mental se conquista a cada momento e que o desenvolvimento das potencialidades criativas e dos recursos amorosos de um indivíduo repousa sobre um equilíbrio instável, o que humaniza sua concepção. Há uma permanente oscilação entre a pauta esquizoparanoide e a pauta depressiva de funcionamento mental, mas o desenvolvimento se caracteriza justamente pela prevalência desta última, o que ocorre em função de um apreço aumentado pelo objeto, de um predomínio dos impulsos libidinais sobre os agressivos, da crença na capacidade de fazer reparação, e de uma maior integração: do *self*, dos impulsos, e dos aspectos ambivalentes dos objetos. Tudo isto dependerá, é claro, de um aporte constitucional (como diria Freud, "da força dos instintos"), mas, também, de experiências reais propiciadas por condições ambientais mais ou menos favoráveis. A saúde mental supõe que o indivíduo conte com um bom objeto internalizado de forma estável.

Freud (1937) fora bem mais conciso ao dizer que a saúde mental consistia em amar e trabalhar (*lieben und arbeiten*) e a desfrutar tanto das relações afetivo-amorosas como da atividade profissional: vivê-las prazerosamente. A mim, parece que esta resposta simples revela sua profunda sabedoria. É claro que isto não exclui a vivência de conflitos, a necessidade de tolerar frustrações e de adiar satisfações — substituindo a ação impulsiva pelo pensamento, que toma em consideração a realidade.

Também Bion, em *Cogitações* (1992), escreveu sobre saúde mental. E declarou:

> O homem mentalmente sadio é capaz de obter força, consolo e o material necessário para o seu desenvolvimento mental do seu contato com a realidade, independentemente de essa realidade ser dolorosa ou não. É possível que a origem desse ponto de vista seja uma experiência que não é, de modo algum, metafísica, mas similar à experiência que alguém poderia adquirir ao ter uma queda, quando se movimenta fisicamente, por não ter reconhecido a existência de um obstáculo físico. O ponto de vista recíproco é que nenhum homem pode tornar-se mentalmente sadio, exceto por um processo de busca constante dos fatos e por uma determinação em deixar de lado qualquer elemento, não importa quão sedutor ou prazeroso possa ser esse elemento, que se interponha entre ele e seu ambiente real (p. 201).

4.

Principais ideias convergentes encontradas na literatura psicanalítica internacional

Passo, a seguir, a traçar um panorama dos pontos comuns que pude identificar na revisão bibliográfica que fiz a respeito de término de análise.

As ideias mais recorrentes dizem respeito a: introjeção do objeto analítico e o exercício da função analítica; emergência de material onírico com características específicas (os chamados "sonhos de término"); elaboração de luto. Também me deparei com muitas contribuições sobre: dissolução da neurose de transferência, dificuldades de desligamento, capacidade de trabalhar, adaptação à realidade, e relações amorosas adultas.

A *introjeção do objeto analítico e o exercício da função analítica*

Em muitos autores que figuram em minha revisão bibliográfica, encontrei, como indicador de que a situação ou experiência de análise poderia ser terminada, a introjeção, por parte do analisando, de um objeto — que passou a ser conhecido como *objeto analítico* — capaz de ser continente para as angústias deste, capaz de acompanhá-lo e com ele dialogar, na ausência da presença real do analista.

É a esta capacidade, desenvolvida pelo analisando, de dialogar consigo próprio, que parece referir-se Edith Buxbaum, em 1950, quando, citando Goethe, escreve: *"Numa análise com êxito não é somente o bruxo que amplia suas palavras mágicas, mas também o aprendiz que aprendeu com ele"*.

Como salienta Meltzer (1967), um dos ganhos básicos da fase de término de análise é o desenvolvimento das *"capacidades de introspecção, pensamento analítico e responsabilidade"*. Segundo ele, é aí que começa a se preparar *"a cena para o trabalho de terminação"*, para o qual ele, tal como Melanie Klein, usa o modelo do desmame.

Considerando toda a experiência de análise como uma experiência que leva a uma separação, para a qual Melanie Klein e Meltzer sugerem o modelo do desmame, caberia lembrar que as várias interrupções que se dão ao longo do processo servem como precursoras deste desmame final; qualquer analista pode perceber que, à medida que a análise evolui, o analisando dá depoimentos expressivos de como foi se sentindo cada vez mais capaz de suportar interrupções, tais como intervalos entre uma e outra sessão, fins de semana, feriados prolongados, férias, e assim por diante. Muitas vezes, o analisando explicita isto comunicando algo tal como: "Lembrei de você, tive muita vontade de vir aqui, mas depois me tranquilizei, pensando no que você provavelmente diria".

Donald Meltzer, na Introdução de seu livro *O processo psicanalítico: da criança ao adulto* (1967), irá se referir à:

> [...] 'análise' do paciente como um processo potencialmente tão longo como a vida, uma maneira de viver caracterizada pela responsabilidade obtida através da compreensão interna (*insight*), e o fato de 'ser analisado', como o método de colocar em movimento a autoanálise. Este último estado dá substância a um conceito de 'terminação', distinto de 'interrupção' da análise, e aos objetivos de atingir uma organização básica da personalidade, antes que à resolução de traços ou sintomas psicopatológicos.

De forma semelhante se posicionam Pichon Rivière, Abadi, Bleger e Rodrigué (1971), ao declararem que o que termina é a situação analítica, já que a "*operação analítica internalizada 'passa a ser' um processo interno*", de tal maneira que se poderia dizer que "*a análise termina quando se fez internamente interminável*", instrumentando o analisando para lidar com seu mundo interno e com a realidade externa.

É interessante, neste sentido, a declaração que fez um analisando de Ernst Ticho (1972), em fase de final de análise: "*Sinto que agora posso lidar com o que eu sou e com o que eu não sou*". De acordo com este autor: "*A meta de levar o paciente à prática da autoanálise contínua tornou-se, nos últimos tempos, um dos principais objetivos da análise*".

Não sei se isto precisa ser encarado como objetivo, acho que faz parte da "*história natural do processo psicanalítico*", como diria Meltzer.

Léon Grinberg (1981a) também se mostra persuadido de que: "*A função do analista é compreender o que lhe comunica o paciente e ajudá-lo para que ele próprio possa também compreender o que comunica, e usar essa compreensão para conhecer um pouco mais sobre si mesmo*", de tal forma que a análise se torne interminável enquanto "*processo de busca da verdade, do crescimento mental e da integração*" não só "*pela análise*" ela própria, mas também "*pela autoanálise posterior*".

O desenvolvimento da capacidade do analisando no sentido de proceder à sua autoanálise é também, para Shane e Shane (1984), um parâmetro a ser avaliado durante a fase final da análise. "*A autoanálise envolve a capacidade para separar-se do analista*" e constitui uma função a ser estimulada durante o tratamento, escrevem estes autores. "*O que chamamos de começo muitas vezes é o fim. E fazer um fim é fazer o começo. O fim é de onde nós começamos*". Estas palavras são de Sara P. Berenstein e Delia S. de Fondevila, em seu trabalho de 1989 sobre o término. Vale recorrer a um recorte do texto que produziram:

Consideramos que, quando uma análise começa, inicia-se um processo que continuará vivo e aberto na mente do paciente durante toda sua vida. [...] atribuímos importância especial à aquisição da função psicanalítica da personalidade, considerando-a um dos fatores-chave na avaliação do término de uma análise. [...] Acreditamos que o verdadeiro objetivo de um tratamento analítico é estabelecer na mente a função psicanalítica. Quando, durante um tratamento analítico, ocorre um crescimento desta função psicanalítica, no paciente e no analista, Bion (1965) considera que ocorreu uma evolução no processo. É o desenvolvimento dessa função que marca o que entendemos como crescimento mental. À medida que se desenvolve o vínculo analítico, incorpora-se um analista-objeto, criando-se um objeto analítico interno que continuará ativo depois do término da análise. Esta é a base da diferença entre as pessoas que foram analisadas e as que não o foram. Ao longo da experiência analítica, o paciente incorporará o vértice analítico — o vértice do crescimento mental — e modificará seu próprio vértice. Isto só é alcançado pelo treinamento heteroanalítico, isto é, pela experiência analítica com o analista. [...] Em seu artigo, Sor de Fondevila sugeriu que a autoanálise começa *na presença do analista*, uma vez que se tenha tomado a decisão de interromper ou terminar o tratamento. [...] Com a *perda real do analista*, o paciente tem de lidar com um processo de luto, seguido pelo estabelecimento do objeto no ego. Chamamos este objeto de *objeto analítico*.

As autoras assinalam que o processo de autoanálise se inicia, ainda que de forma incipiente, na presença do analista que, presente, funciona como "um observador e uma presença moderadora".

De acordo com Berenstein e Fondevila, "a perda real do analista" faz com que o analisando se depare com o luto e com o objeto analítico internamente estabelecido. Tal objeto irá proporcionar permeabilidade à personalidade, além de um trânsito mais rico através das várias configurações do vínculo transferencial.

Mais recentemente, em 1991, Jean-Michel Quinodoz, tratando do término da análise e da angústia de separação, sugeriu que, ao encerramento de uma experiência bem-sucedida de análise, o analisando entra num estado de autossustentação mais eficiente, tornando-se autônomo e podendo ficar só, mas sentindo-se acompanhado. Para mim, tal afirmação vem ao encontro da ideia de introjeção do objeto analítico.

Winnicott (1962) refere-se à fase final da análise como o momento em que o analisando começa a *"afirmar suas características individuais, começando a ver como natural o sentimento de existir por si mesmo."*

Penso que o sentimento de existir por si mesmo seria um prenúncio de uma capacidade que o sujeito teria de fazer uma autoanálise. Devido à introjeção de um objeto continente provedor, o sujeito desenvolveria uma capacidade de estar só.

Segundo este autor, *"a capacidade de estar só depende da existência de um objeto bom na realidade psíquica do indivíduo [...]*

maturidade e capacidade de ficar só significam que o indivíduo teve a oportunidade, através da maternagem suficientemente boa, de construir uma crença num ambiente benigno", o que possivelmente criou condições favoráveis para a introjeção do objeto analítico.

Ernest Ticho, em seu artigo de 1972, comenta que ao final de uma análise são revividas recordações penosas, às quais, depois de elaboradas, se deixam descansar. Segundo este autor, um dos objetivos do tratamento analítico é o desenvolvimento da capacidade do analisando para uma autoanálise — mudança psíquica fundamental que perdurará uma vez concluído o tratamento.

Vários psicanalistas atuais concordam com essa ideia; para mim é o mais importante a se conseguir numa análise para que esta possa chegar a seu término. Com o objeto analítico introjetado, o analisando pode seguir sozinho, porque o que acaba é o encontro entre ele e o analista, já que a análise é interminável enquanto processo.

Com o decorrer do processo psicanalítico, as angústias de separação, antes difusas e inomináveis, passam a ganhar contorno e representação no mundo interno e transformam-se num reconhecimento de que o ser só pode ser pleno de estruturação e significado.

Constatei a singularidade deste momento, que envolve uma qualidade especial de perda, diferente daquela experienciada em situações da morte repentina de um ser querido. Trata-se, aqui, de uma perda que implica também ganhos, em novas aquisições para a personalidade, em novos investimentos libidinais;

um indivíduo que termina a análise "ganha" a introjeção de um novo objeto em seu mundo interno: um objeto analítico, que desempenha a função analítica, e que o ajudará a continuar seu interminável processo de conhecimento e expansão.

É exatamente aqui que se situa a *singularidade* do momento: na coexistência de emoções tão fortemente contrastantes predominando na vida mental de ambos, analista e analisando.

Elaboração do luto

É muito difícil, quase impossível, estabelecer regras gerais para qualificar o processo de término da relação analítica. A maioria dos autores que escreveram sobre esse tema dão exemplos de casos clínicos com seus diferentes postulados teóricos ou ideias a respeito. Quase todos coincidem num ponto que é óbvio e que se refere ao processo de luto que surge diante da perda da relação analítica. Nenhuma das contribuições oferece uma pauta geral que se possa aplicar ao término de análise: podemos chegar à conclusão de que existem tantas modalidades de término de análise quanto análises existem.

Essa ideia de um sofrimento muito grande pela separação do analista — um luto — é partilhada por muitos outros autores da comunidade psicanalítica.

Para Freud (1937), "*a informação que o paciente recebe do analista de que seu tempo concreto ali com ele está prestes a se esgotar, seja ele um ano ou seis meses ou qualquer outra duração, ocasiona-lhe um alto grau de turbulência em seu mundo mental e funciona como pressão sobre conteúdos reprimidos, podendo também desencadear fantasias de rejeição e abandono, antes não trabalhadas*"; ou ainda, como nos alerta ele, "*pode levar ao sepultamento de material psíquico comprometendo sua elaboração*".

Assim como revelou Freud, o luto é uma reação à perda de um ser muito querido, que mobiliza um estado muito penoso para o indivíduo, o qual desinveste sua libido dos acontecimentos exteriores e se volta para si mesmo. O teste de realidade provou-lhe que o objeto amado já não existe, mas o indivíduo enlutado deixa de se interessar por tudo que não se relacione a essa pessoa. Pouco a pouco, o trabalho de luto vai possibilitando uma retirada da libido investida naquele ser amado e criando condições para que o ego volte a ficar "*livre e desinibido*" (Freud, 1917). A libido se torna novamente disponível para que o ego faça novos investimentos libidinais. Em algumas situações, o trabalho do luto se torna especialmente difícil, devido à necessidade do ego de manter-se fundido com o objeto. Freud menciona que a impossibilidade de elaborar o luto satisfatoriamente configura uma situação de luto patológico ou um quadro melancólico.

Para Melanie Klein, a elaboração do luto é favorecida pela possibilidade de o indivíduo integrar diferentes aspectos do objeto perdido e não se deixar levar por fantasias inconscientes de, junto com ele, ter perdido também seus objetos internos bons. A separação do objeto, dependendo de como ocorra, pode despertar uma ansiedade paranoide (caso em que a pessoa se sente abandonada ou atacada pelo objeto) ou uma ansiedade depressiva (caso em que a pessoa teme perder a segurança que lhe era oferecida pelo objeto). A qualidade da experiência vivida com o analista enquanto objeto real, externo, vai afetar a possibilidade de que o luto pelo término da análise seja elaborado satisfatoriamente; para que isso aconteça, é necessário que ele possa ter sido internalizado de forma estável, como um objeto bom e confiável.

O tema "Critérios para término do tratamento psicanalítico" tem sido considerado de tal modo relevante pela comunidade psicanalítica internacional, que mereceu um Simpósio Internacional a ele consagrado, organizado pela Sociedade Britânica de Psicanálise, em março de 1949. Melanie Klein, Sylvia Payne, Michael Balint, John Rickman, Annie Reich, Hoffer, Edith Buxbaum e outros deram ricas contribuições à questão, que foram publicadas no *International Journal of Psychoanalysis*, v. 31, no ano seguinte.

Para Melanie Klein, o término de uma análise equivale a um estado de luto. Observa-se frequentemente que *"o término de uma análise reativa no paciente situações mais arcaicas de separação e tem a natureza de uma experiência de desmame"*. Seu critério para a terminação é o seguinte: *"que se tenham reduzido suficientemente as angústias persecutórias e depressivas no curso da análise e que a relação do paciente com o mundo externo tenham se reforçado satisfatoriamente para que possa enfrentar o processo de luto que implica a separação"*.

No mesmo trabalho, Klein escreve:

> Mesmo quando resultados satisfatórios são alcançados, o término de uma análise fatalmente desperta sentimentos dolorosos e revive ansiedades arcaicas — equivale a um estado de luto. Quando a perda representada pelo final da análise ocorre, o paciente ainda tem que se encarregar por si mesmo de parte do trabalho de luto (p. 68).

A perda e o luto do final da análise têm uma qualidade especial que os diferencia da perda por morte: são componentes fundamentais do vínculo transferencial e contratransferencial. A renúncia à fusão com o objeto é a base do trabalho do luto. O trabalho do luto pelo teste da realidade faz com que o indivíduo renove os seus elos com o mundo exterior e reconstrua dolorosamente o mundo interior. No término da análise existe um reviver desses lutos primordiais, que vão ser retomados com o analista na transferência.

Sylvia Payne, no mesmo Simpósio, enfatiza que o término da análise pode ser comparado à superação das diferentes etapas pelas quais uma pessoa passa no seu processo de desenvolvimento pessoal, e que envolvem o desafio de crescer, bem como a necessidade de elaborar lutos. Esses momentos críticos da vida implicam, necessariamente, uma reorganização do ego e um redirecionamento dos interesses libidinais do indivíduo.

Ainda no mesmo Simpósio, Michael Balint escreve:

> É uma experiência profundamente mobilizadora; a atmosfera geral é a de despedir-se para sempre de alguém muito queri-

do, muito precioso — com os correspondentes sentimentos de desolação e luto — mas este pesar sincero e profundamente sentido é mitigado pelo sentimento de segurança que se origina das recém-conquistadas possibilidades para uma felicidade real. Habitualmente o paciente na última sessão parte contente mas com lágrimas nos olhos — e penso poder admiti-lo —, o analista vivencia algo muito semelhante.

Segundo John Rickman (1950), a capacidade de elaborar o luto constitui um dos principais critérios que o analista deve levar em conta para pôr término a uma análise.

Para Annie Reich (1950), é inevitável que se sinta o término de uma análise como uma perda, especialmente para aquelas pessoas que não são felizes com a sua vida real e para as quais uma mudança objetal é muito difícil. Depois de um certo tempo e de uma análise completa, sem dúvida essa mudança pode ocorrer e o desejo de manter uma relação infantil com o analista pode ser abandonado.

A autora pensa que não devemos nos preocupar com os resultados negativos dos resíduos transferenciais, porque da mesma forma que com o luto, surge uma recuperação espontânea; bem, poderíamos dizer que é um recuperar-se da situação "anormal da análise".

Outros autores continuaram a ocupar-se da questão da necessidade da elaboração de luto associada ao término de análise. Alguns distinguem o luto pelo término da análise, do luto pela separação do analista — como pessoa real e como objeto transferencialmente investido.

Hanna Segal (1997) salienta que a proximidade do fim da análise é responsável pela emergência de antigas angústias e defesas; acredita, entretanto, que a *mobilidade psíquica* conquistada pelo analisando através do processo analítico, o instrumenta a simbolizar, através de sonhos, fantasias e material associativo, os conteúdos ligados à situação de perda que está sendo experimentada. Isto o preparará para lidar com a perda e introjetar o objeto que desenvolverá a função analítica.

Ernst Ticho, em artigo publicado em 1972, não considera o luto como um dos principais fatores para o término, mas diz: "*Embora a terminação da análise também implique luto e desapontamento, o paciente, quase sempre, experiencia essa fase como um novo começo*".

Segundo a opinião dos autores Arnold Goldberg e David Marcus (1985):

> Uma data tem o efeito de ativar uma reação de luto e a repetição regressiva de velhas defesas observadas durante este período tem um tom de renúncia. Pode-se pensar no último passo do processo de término como um luto por todas as perdas de objeto passadas e como uma antecipação do luto por outra perda — a do analista. Elaborar este tipo de 'trabalho de término' oferece uma oportunidade que não se tem de nenhum outro modo.

Com a *perda real do analista*, como já foi mencionado acima, o analisando tem de lidar com um processo de luto, seguido pela consolidação do objeto no ego. Chamamos este objeto de *objeto analítico*.

Dificuldades de desligamento

Segundo Rosenfeld (1987), analisandos com graves distúrbios narcísicos de personalidade podem apresentar significativas dificuldades de desligamento do analista. Como não reconhecem o objeto como existindo separado do *self*, alimentam a fantasia de a eles se manterem fundidos, o que se torna um empecilho ao término da análise.

Esther Bick (1968), através da observação de bebês, se deu conta de que o bebê passa por um estado de não integração, bastante primitivo, em que precisa de um objeto continente. Tal objeto lhe proporcionará a sensação de estar integrado, ainda que por poucos momentos — pode ser representado pelo mamilo da mãe, pelo seu cheiro, seu calor, sua voz, fazendo as vezes de uma "segunda pele". A autora descreveu um tipo de "identificação adesiva", que poderia explicar algumas dificuldades experimentadas pelo analisando em relação ao analista; nestas situações, o analisando teria delegado ao analista esta função de pele continente, mas esta profunda dependência estaria mascarada por uma pseudoindependência.

Dificuldades de desligamento permeiam todo o processo da análise, tornando-se mais evidente nas interrupções do final de semana, nas férias e, principalmente, no prenúncio do término da análise.

O analista precisa estar instrumentado para lidar com os mais diferentes tipos de resposta emocional do analisando que está terminando a análise. Precisará, para tal, confrontar-se com seus próprios lutos. O analista também requer cuidados especiais com ele próprio na fase do "desmame analítico", e seus sentimentos necessitam ser incluídos e examinados na dupla, favorecendo o trabalho do término.

Para o analisando, continuar sozinho não é tarefa fácil; a perda do colo, do envelope protetor. Todas essas sensações quase sensoriais são mobilizadas na fase do término e necessitam muita interpretação do analista, a fim de serem suficientemente elaboradas, para que o analisando "ganhe asas".

A perspectiva de não mais voltar a encontrar seu analista provoca no analisando um sentimento de pesar, é vivida por este como uma perda, que faz aflorar outras perdas sofridas anteriormente. As reações depressivas podem ser de tal modo intensas, que tornem necessário um adiamento do término, até que o analista julgue que o analisando está pronto para lidar com seu sentimento de solidão.

Quando o desligamento foi bem elaborado, deixa de desencadear, a ausência ou a presença do analista, angústias de separação e de desmoronamento, pois o analisando entra num estado de sustentação mais eficiente, torna-se autônomo, pode ficar só, sentindo-se acompanhado. Entretanto, certos analisandos experimentam uma enorme dificuldade de separar-se do analista.

Em depoimento a mim concedido no final de janeiro de 1997, Marion Minerbo chamou a atenção para uma dificuldade de desligamento que poderia ser atribuída ao analista, o qual, "contratransferencialmente", poderia *"estar mantendo e estimulando a dependência de seu paciente por se acreditar, ou por desejar ser, indispensável."* Neste caso, Marion Minerbo acredita que o analista poderia inconscientemente estar colaborando para que o paciente o mantivesse num "polo idealizado" — perpetuando suas cisões — e permanecendo fora do alcance do ódio e da violência de seu paciente. Que paciente poderia prescindir de um analista tão idealizado, pergunta-se Marion.

Ansiedade de separação

Vários autores concordam quanto a importância de se trabalhar a ansiedade de separação que emerge, quando a análise se encaminha para sua etapa final, mas a ansiedade ou angústia de separação não aparece apenas porque uma análise está para acabar; ela permeia a situação da análise e a nossa vida a todo instante. A angústia de separação está, então, onipresente no processo da análise, assim como na vida. Torna-se mais evidente no material associativo do analisando, quando já se fixou uma data para o término.

Otto Rank, em 1924, referindo-se ao término da análise, escreveu: "*Uma das dificuldades mais comuns que os pacientes enfrentam para deixar a análise é a ideia de que nunca mais verão o analista. Esta é tida como uma das reações que simbolizam nascimento e morte*"— duas experiências fundamentais de separação que todo ser humano necessariamente enfrenta.

Melanie Klein (1950) observou frequentemente que o término de uma análise mobiliza no analisando situações arcaicas de separação e, por isso, ela equipara essa fase à experiência de desmame. Balint adota uma perspectiva semelhante ao comparar a separação entre analisando e analista à experiência do nascimento.

Em 1950, Ramón Parres comenta que, ao se convencer de que a análise oferece formas ilusórias de satisfação e sentindo-se encorajado a buscar alternativas mais realistas de gratificação, o analisando acaba por separar-se lenta e decididamente da análise, elaborando, assim, o luto pela separação.

Ira Miller, em 1965, refere que Gertrud Ticho considera a reação pós-analítica de desapontamento mais comum do que normalmente se admite. Tratando desta questão, Miller escreve que uma maior consciência da reação de desapontamento levaria a uma cuidadosa análise, na fase de término, do modo como o analisando lidou com seus desapontamentos no passado, e permitiria que o analista conectasse aquelas reações com o processo de luto e ansiedade de separação, características da última fase da análise. Isso não eliminaria, nem deveria eliminar, o desenvolvimento da reação de desapontamento; mas daria ao analisando uma maior chance de lidar construtivamente com seus desapontamentos.

Alessandro Garella e Fausta Ferraro, ao fazerem uma revisão, em 1994, sobre formas de término da análise, observam:

> Um pré-requisito fundamental deste processo pode ser individualizado nas modificações sofridas pela angústia de separação que, como outros analistas já assinalaram (Bridger, 1950; Rickman, 1950; Liberman, 1967), pode converter-se em critério-guia por excelência para a decisão de terminar. [...] *"esta é a síntese e o resultado final de complexos processos de integração que criaram um espaço psíquico temporo-espacial de relação, espaço de natureza diferente do que reina na angústia de separação"*.

A questão da angústia é abordada por Antonio Sapienza em seu depoimento, ao enfatizar a diferença entre *"angústia patológica e angústia que faz parte do existir e que não deve ser eliminada"*. Diz ainda: *"Se o modelo inicial de angústia é o nascimento, haverá angústia"*. E mais adiante: *"A nossa função não é eliminar essa angústia (de separação), é diferenciar de como a pessoa vai lidar com ela"*.

Em relação ao final da análise depreende-se, portanto, que o analisando passa a se sentir melhor instrumentado para lidar, tanto com a angústia que este final desperta, assim como as demais angústias com as quais a vida continuará a confrontá-lo inevitavelmente.

Capacidade de trabalhar

O desenvolvimento da capacidade de trabalhar com satisfação é mencionado por diferentes autores, começando por Freud, que já dizia que o homem mentalmente sadio deriva do trabalho e do amor suas maiores fontes de satisfação. Em *Análise terminável e interminável* volta a valorizar a capacidade de trabalho que o indivíduo pode vir a desenvolver, tendo se submetido a uma análise.

Em 1950, Rickman e Bridger incluem entre seus critérios para o término de uma análise, a capacidade para trabalhar e tolerar o desemprego.

Firenstein, em seu trabalho de 1974, refere-se à mesma questão ao escrever que o objetivo de uma análise seria o de levar as pessoas tratadas a desenvolverem uma capacidade de desfrutarem de situações prazerosas e de serem *eficientes*, acrescentando em seguida que o paciente, ao terminar a análise, deve ser capaz de amar e de trabalhar. A este respeito Firenstein acrescenta, ao enumerar seus critérios para terminar uma análise, o seguinte: *"O sujeito agora pode trabalhar melhor graças à melhor utilização de diversas funções do ego"*.

Para a capacidade de trabalhar convergem vários fatores emocionais que considero muito importantes: identificar o que se gosta de fazer; ter prazer no que se faz; ter confiança em si mesmo; ter uma boa autoestima; saber lidar com frustrações; saber lidar com figuras de autoridade; ter tato no relacionamento social; lidar com as expectativas familiares; ser livre do que é socialmente valorizado; e assim por diante. Quando uma pessoa consegue lidar com todos esses fatores, acredito que não só consegue trabalhar, mas o faz com satisfação e se mantém trabalhando. A escolha da atividade profissional adequada é fundamental nesse processo. A pessoa para quem o trabalho é uma fonte de gratificação já dá com isso uma indicação de desenvolvimento psíquico.

Adaptação à realidade

Um outro tema recorrente na literatura a respeito de Término de análise é uma maior adaptação à realidade.

Conforme Edith Weigert comenta em 1952:

> Se o término da análise tem de ser decidido não pelo desaparecimento dos sintomas, mas pela profundidade da mudança caracterológica; nós temos de voltar ao ideal da saúde mental, ao valor do amadurecimento, aos padrões de adaptação à realidade. [...] O conceito de 'ajustamento à realidade', particularmente, pode ser interpretado quase de tantos modos quanto o conceito de 'estar em paz com Deus'.

Melanie Klein já tinha escrito a respeito, ao escrever sobre saúde mental.

Segundo Martin Orens (1955):

> Assim, o desejo de sentir-se bem, que é nutrido desde o inconsciente, usa a transferência para alcançar, no presente, os objetivos instintuais infantis. [...] O desejo de ficar bem impele o paciente para o tratamento; a transferência é meramente o meio usado. [...] O desejo de ficar bem é essencialmente a antítese da cura no sentido de uma adaptação à realidade, uma vez que o objetivo do desejo é restaurar uma posição libidinal infantil. [...] Mesmo assim, esse desejo é indispensável para o sucesso do tratamento.

Pichon-Rivière (1971) e colaboradores escrevem que, ao término de uma análise bem-sucedida, o paciente se sente instrumentado para lidar com as ansiedades desencadeadas pela realidade externa e interna. Acredita que o *sentido de realidade* seja um critério importante na avaliação de um processo de análise exitoso.

Firenstein, em 1974, corrobora esta ideia. E sugere que um indivíduo bem analisado deveria ter desenvolvido a capacidade de distinguir fantasia de realidade. Em decorrência disso, há um menor recurso a atuações (*actings out*) e uma capacidade aumentada para se tolerar ansiedade e adiar satisfações.

Na revisão sobre o tema do término de análise a que Arnold Goldberg e David Marcus (1985) procederam, os autores que mais falaram sobre "adaptação à realidade" foram Fleming e Benedek, os quais:

[...] dividem a fase final em três passos que o analista e o paciente dão juntos, embora, talvez, em ritmos diferentes: 1 — reconhecer mudanças no paciente que indicam que se pode falar em término; 2 — decidir sobre uma data; 3 — terminar. A duração de cada um destes passos será diferente, conforme os indivíduos — paciente e analista. Cada passo exige um nível diferente de adaptação à realidade presente, que é influenciado por experiências passadas com problemas semelhantes e pelo conhecimento e habilidade do analista. [...] Uma data que tenha sido decidida, especialmente se foi decidida por acordo entre as partes e não só pelo analista, arbitrariamente, confronta o paciente com uma realidade que, até então, poderia ser ignorada.

Relações amorosas adultas

Outro tema constante, o desenvolvimento da capacidade para estabelecer e manter relações amorosas maduras, é enfatizado por diferentes autores, desde Freud, Melanie Klein, a Balint, Rickman, Winnicott e Firenstein.

Freud já dizia, em 1937, que a normalização da vida sexual, ou seja, o alcance da primazia genital, ter uma vida sexual não conflitiva, satisfatória para o sujeito e também tendo em vista o prazer sexual do parceiro, seria um dos critérios para o término.

Um dos autores que mais destacou a importância da capacidade para estabelecer e manter relações amorosas no plano genital, por parte do analisando, como um relevante critério de término de análise foi Balint. Referindo-se a este tema, desdobrou-o nos seguintes itens que, segundo Ramón Parres, o analista deveria tomar em consideração:

> 1) o alcance dos instintos, o estabelecimento de uma primazia genital; em sua opinião, a maturidade genital é uma função nova que emerge próximo da puberdade, possivelmente como resultado de um processo natural. 2) A relação instintiva com os objetos. Pensa que o amor genital não é um processo natural e espontâneo, mas um artefato, resultado da civilização — uma complexa fusão da satisfação genital e da ternura pré-genital. Sua expressão psicológica é a identificação genital com o objeto, baseada em um dar-se conta exatamente da realidade; e sua meta, a mudança de um objeto indiferente para um objeto amoroso e cooperador no plano genital. 3) Estrutura do eu.

Entre os critérios elencados por Rickman, sobressaíram a elaboração do complexo de Édipo e o desenvolvimento da genitalidade, expressos através de relações de objeto mais amorosas. Recorro aqui à lista apresentada por Parres, em *Nota sobre terminación de analisis* (trabalho não publicado):

> a) A capacidade para mobilizar as lembranças, exemplo: a recuperação da amnésia infantil, que inclui a elaboração do complexo edípico; b) A capacidade para a satisfação genital

heterossexual; c) A capacidade para tolerar a frustração e a privação libidinal sem defesas agressivas e sem angústia; d) A capacidade para trabalhar e para resistir ao desemprego; e) A capacidade para tolerar os próprios impulsos agressivos e também os alheios, sem perder o objeto amoroso em seu sentido mais amplo e sem culpa; f) A capacidade de luto.

O aprendizado do que é amar só é possível, acredita Winnicott, quando o ego do analisando se tornou mais integrado. Isto é mencionado por Weigert (1952), que escreve:

> [...] Winnicott caracteriza a primeira relação da criança com a mãe, que ainda não é um objeto diferenciado, como 'amor impiedoso'. Só quando o ego está mais integrado é que se pode dizer que a criança odeia; só quando a dor frustrante do ódio pode ser suportada, é que o indivíduo mais plenamente integrado aprende a amar.

Ao aprender a fazê-lo, o indivíduo estaria apto a abrir mão de seus encontros regulares com seu analista.

Fazendo uma retrospectiva dos critérios de término de análise que, ao longo do tempo, foram se estabelecendo e consolidando, Firenstein (1974) não deixa de assinalar que:

> Melhoraram a relação objetal e as distorções transferenciais que a caracterizaram; o funcionamento psicossexual é me-

lhor, levando à genitalidade; a inveja do pênis e a angústia de castração foram dominadas; o ego fortaleceu-se pela diminuição dos contrainvestimentos anacrônicos; a capacidade para distinguir fantasia e realidade tornou-se mais viva; o *acting-out* foi eliminado. Aumentou a capacidade para tolerar a ansiedade e para reduzir a simples sinais os afetos desagradáveis. As pessoas são capazes de tolerar adiamento para obter gratificação. Reforçaram-se as sublimações. A capacidade para sentir prazer sem culpa é muito mais evidente.

Entre outros critérios que Firenstein identificou ao estudar minuciosamente cerca de trinta trabalhos consagrados à questão do término de análise, selecionei os acima transcritos por estarem diretamente relacionados ao desenvolvimento de relações amorosas adultas satisfatórias, favorecido pelo processo analítico.

Melanie Klein, por sua vez, escrevendo em 1950 sobre critérios para término de análise, refere-se explicitamente a: "*potência e heterossexualidade bem estabelecidas, capacidade para o amor, para relações de objeto e para o trabalho e algumas características do ego responsáveis pela estabilidade mental e que estão associadas a defesas adequadas*".

Segundo esta autora, tal desenvolvimento só poderá ser alcançado se a angústia persecutória e a depressiva não forem excessivas.

Material onírico relativo a término

Muitos autores escreveram a respeito da emergência, ao final da análise, de material onírico relativo a esta etapa do processo.

Keiser, por exemplo, citado por Robbins (1975), *"considerou bem-vindo o aparecimento de sonhos de renascimento durante o término como um barômetro confiável da validade da interrupção final"*.

Em 1992, Waugaman publicou, na *Revista Argentina de Psicanálise*, um trabalho intitulado "Os sonhos e o término da análise — Reflexões sobre a mudança psíquica", que introduz, escrevendo:

> Uma das questões mais significativas que um analista enfrenta em sua avaliação da mudança psíquica consiste em saber se seu paciente já está em condições de terminar o tratamento. Os sonhos podem desempenhar nisso um papel determinante, apesar da pouca atenção que se tem dado, na bibliografia, aos sonhos que sobrevêm na fase de término da análise. (Aqui aplico a definição de Firenstein, para quem a 'fase de término da análise' é o período do tratamento que se estende desde o momento em que pela primeira vez um paciente formula seriamente a possibilidade de pôr ponto final à análise. Uma segunda etapa dessa fase de término inicia-se quando já se estabeleceu uma data concreta de finalização).

> [...] No transcurso desse período, à medida que o paciente avança para a conclusão da análise e vai renunciando à sua relação com o analista, integra o que aprendeu e estabelece conexões não só entre sua vida atual e sua infância distante, mas também entre o momento presente do tratamento e o passado compartilhado com o analista. Os sonhos dessa fase de término oferecem abundantes oportunidades para explorar a mudança psíquica produzida graças à análise.

Além disso, Waugaman afirma que, mesmo após o término do processo, os sonhos continuarão a desempenhar um papel extremamente importante na autoanálise que o indivíduo se porá a fazer, uma vez separado do analista.

Na revisão bibliográfica a que procede Waugaman, é destacada a contribuição ao tema oferecida por Sharpe que, em trabalho de 1937, *"alude à conexão existente entre os sonhos e o término da análise em dois contextos: como reflexo da mudança intrapsíquica e os sonhos posteriores à análise"*. Através da avaliação comparativa do conteúdo manifesto de distintos sonhos trazidos durante a etapa final da análise, o analista se instrumentaria para acompanhar as mudanças psíquicas operadas no analisando pelo processo analítico. Sharpe atribui ao material onírico que surge após a conclusão de uma "análise bem-sucedida", uma série de características muito peculiares.

Segundo Waugaman, Glover, em trabalho de 1955, também valoriza muito as "reações oníricas ao tratamento", considerando-as uma importante fonte de corroboração de que é chegado o momento oportuno para pôr fim aos encontros entre analista e analisando.

O trabalho de Waugaman sobre "Sonhos de término de análise" menciona uma importante pesquisa conduzida por Gillman, em 1982, com 48 pacientes que tinham sido "analisados de forma exitosa". Entre os "sonhos de término" relatados por estes pacientes, se distinguiram aqueles que "indicavam que o paciente estava em condições de terminar o tratamento", os que sugeriam "a resolução da neurose de transferência", e aqueles que antecipavam o final do tratamento, vivido com tristeza pelos pacientes.

Waugaman, em sua rica e abrangente revisão bibliográfica, examina também a contribuição de Abend, datada de 1988, segundo a qual as fantasias inconscientes dos pacientes — que se refletem em seu material onírico — constituem *"formações de compromisso derivadas dos conflitos instintivos centrais de cada analisando, segundo sua configuração psicológica específica"*.

Para Roth, cujo trabalho de 1987 é também focalizado por Waugaman, os sonhos de término consistiriam uma espécie de balanço que apontaria para a satisfação ou insatisfação do analisando, com relação aos resultados da análise; além disso, contribuiriam para a integração e elaboração dos sentimentos de perda e abandono que costumam ser mobilizados neste momento.

Waugaman cita ainda o trabalho de Bonime, publicado em 1962, onde o autor destaca a ambivalência que permeia os sonhos dos analisandos sobre o término, bem como a capacidade, agora mais adaptativa, de elaborarem, através dos mesmos, suas questões analíticas particulares.

Também é feita alusão à contribuição de Oremland (1987) sobre os "sonhos de término": através destes, o analisando evidencia a modificação de um sintoma importante, a operação de uma mudança psíquica, e a vivência de uma esperança (projetada no analista ou apenas alimentada pelo analisando) de que tudo corra bem depois de terminada a análise.

Waugaman salienta, ainda, a importância dos sonhos como fonte de informações sobre a multiplicidade dos significados subjetivos do término para cada analisando.

Em trabalho recente, datado de 1997, e publicado no *International Journal of Psychoanalysis*, Fausta Ferraro e Alessandro Garella (1997) escrevem:

> Oremland identifica dois aspectos fundamentais dos sonhos de términos, a partir dos quais se pode distinguir um término bem-sucedido de um término insatisfatório: em primeiro lugar, uma referência aos sintomas do paciente, com a representação de uma possível transformação; e, em segundo lugar, o modo como é representada a relação com o analista.
>
> [...] Os sonhos 'finais' numa análise podem assim lançar luz sobre a situação, por demonstrarem a restauração de uma memória temporalizada que faz conexões entre passado, presente e futuro ou, ao contrário, uma memória aprisionada

na compulsão de repetir, que apresenta a situação inicial substancialmente inalterada.

Continuando sua revisão literária, os autores acrescentam que:

> A hipótese de Ferrara Mori (1993) para o último sonho da análise como uma *antecipação da fase pós-analítica* contrasta com a visão de Oremland.
>
> [...] A temporalidade, ao contrário, como uma dimensão particular do evento do término, pode ser usada de dois modos: primeiro, através de comparação com o começo da análise, como um indicador de transformação; e, segundo, através da demonstração de qualidades particulares da relação com o analista, como antecipação do resultado pós-analítico.

Segundo esses autores, o exame e a interpretação dos sonhos "finais" de uma análise permitem avaliar se esta facultou ao analisando a *"restauração de sua memória temporalizada"*. Isto significa que o analisando terá se tornado capaz de estabelecer conexões entre passado, presente e futuro, repensando, ressignificando e elaborando suas experiências anteriores de vida, de modo a preparar-se para escrever uma nova história, ao invés de reescrever a antiga, movido pela compulsão à repetição. Isto implica que processos vários, inconscientes, atemporais, teriam se convertido em processos conscientes, secundários e, consequentemente, temporalizados.

Os autores sublinham a importância do que estes sonhos "finais" comunicam, considerando a dimensão — já referida — da temporalidade. Não só no sentido apontado por Mori, mas também porque, ao serem comparados com material onírico emergente no início da análise, favorecem uma interessante avaliação da mudança operada no analisando ao longo do processo: como era este quando começou e como está agora.

Hanna Segal, no livro *Psicanálise, literatura e guerra*, publicado entre nós em 1998, coligindo artigos por ela escritos entre 1972 e 1995, refere-se, também, à importância dos "sonhos de término", como indicadores dos significados inconscientemente associados ao final da análise por cada analisando em particular.

Em face do exposto, podemos concluir que essa questão tem sido consensualmente considerada da maior importância por numerosos autores que se debruçaram sobre suas experiências clínicas e sobre dados experimentais obtidos através de pesquisas, para teorizarem a respeito do material onírico que é mobilizado pela perspectiva do término de uma análise.

Dissolução da neurose de transferência

Outra questão também considerada muito importante para que uma análise chegue a seu término é a dissolução da neurose de transferência. No início de uma análise é esperado que o analisando faça transferência com o analista, positiva e negativa. Projeta nele todos os seus conflitos, sofrimentos, expectativas; o idealiza, por ele se apaixona, sente ódio dele, o despreza, enfim, transfere para o analista toda uma gama de sentimentos. Só assim ele poderá se ver e se conhecer melhor. O analista vira pai, mãe, marido, ocupa todas as posições familiares daquele analisando, além de desempenhar funções psíquicas que este precisa delegar ao analista. Isso é o que chamamos de neurose de transferência.

Uma das primeiras questões a chamar a atenção dos analistas idealistas foi a de saber se de fato, na prática real, em algum momento, se chega a algo como um término ideal, no sentido da completa resolução da neurose de transferência.

Não há término sem dor, se a neurose de transferência realmente se desenvolveu: só relutantemente o analisando abandona seu objeto amado, o analista, que ele antes carregou com tanta emoção.

A neurose de transferência não pode ser resolvida completamente, nem se pode considerar que um caso tenha sido adequadamente psicanalizado, sem que o analisando tenha passado por alguma fase terminal mais ou menos característica.

É só na fase terminal, quando confrontado com a realidade da separação do analista, que as fantasias mais profundamente reprimidas, características da onipotência infantil do analisando conseguem chegar à transferência, pelos bem conhecidos sintomas de protesto.

A formulação mais comum para os critérios de como considerar bem terminada uma análise é a resolução da neurose de transferência.

Em segundo lugar, a volta dos sintomas na fase terminal da análise servirá para representar uma tentativa de preservar a fantasia infantil de onipotência. Como tal, é um indicador da necessidade de trabalhar esse aspecto da neurose de transferência (que só pode ser trabalhado na fase terminal) relativo à mais antiga fase do desenvolvimento libidinal — a ansiedade de separação. Há uma relação definitiva entre a ansiedade de separação e a preservação da fantasia de onipotência infantil; e o controle da ansiedade de separação está relacionado ao grau no qual a fantasia da onipotência infantil pode ser trabalhada e relegada à sua perspectiva adequada.

A fantasia de onipotência infantil cuja libertação da repressão é anunciada pela volta dos sintomas só pode ser frustrada pela realidade da fase terminal e, portanto, só pode ser enfrentada, na medida do possível, durante a fase final da parte formal da análise.

Dennis Farrell (1974) cita trabalhos de Anna Freud e Stone, datados de 1954, que identificariam os seguintes fatores como impeditivos de uma resolução satisfatória da neurose de transferência:

> [...] O excessivo narcisismo que leva a uma incapacidade para elaborar e resolver a neurose de transferência; a frequência de reações de pânico ante a ameaça de separações

do analista em personalidades 'limítrofes'; a dificuldade para estabelecer uma adequada neurose de transferência em pacientes com insuficiente amor ao objeto causada por falhas básicas no desenvolvimento emocional precoce.

O término da análise, ao mesmo tempo em que desencadeia vivências de ansiedade, medo e depressão, promove também alívio, alegria e anseio por novas experiências para as quais agora estão disponíveis o dinheiro, o tempo e a disposição psíquica. Este é um fator que favorece a superação dos aspectos traumáticos da separação e colabora para a dissolução da neurose de transferência.

Alguns autores associaram a dissolução da neurose de transferência ao que vieram a chamar de fase terminal da análise. Entretanto, Edward Glover, citado por Goldberg e Marcus (1985), questionou este conceito, indagando-se:

> Não seria o caso de que as análises apenas parassem, sem qualquer desenvolvimento interno que levasse a um término natural, e que portanto não terminassem quando se tivesse superado uma terceira fase final da análise — uma fase terminal —, mas, sim, pela interrupção na segunda fase: a fase da neurose de transferência?

O trabalho dos autores em questão menciona ainda um comentário de Sachs, segundo o qual, por mais completa que seja, a análise faz pouco mais que arranhar a superfície de um continente.

Acredito que este continente continuará a ser arranhado, mesmo depois de terminada a análise. Na minha experiência, de um processo analítico sempre resultam resíduos transferenciais que, ou serão elaborados pelo próprio analisando através de sua autoanálise, ou serão por ele deslocados para um outro analista, caso o analisando inicie uma outra experiência de análise. Creio também que a decisão de pôr término à análise, tomada de comum acordo pelos dois integrantes da dupla, estimula inevitavelmente uma intensificação das manifestações da chamada neurose de transferência.

5.

Recomendações técnicas sobre o encaminhamento do término

Uma analogia interessante, que pode ajudar a 'ver' o término em termos, pode-se dizer também 'cenográficos', é proposta por Ekstein, também citada por Robbins (1975). Ekstein comparou o término, ao fim de uma peça de teatro: "*A peça não acaba antes que seus últimos e mais importantes autores subam ao palco para receberem os aplausos finais*". Parece-me uma boa metáfora.

A consulta à literatura disponível a respeito do término, somada a uma reflexão sincera sobre minha experiência clínica, indica que aqui também o bom-senso é soberano, devendo ser respeitadas não apenas as características do analisando, mas também a história própria daquela determinada análise em particular.

Em seu famoso trabalho de 1937, Freud conta que fixou limite de tempo para algumas análises e observou a realização da experiência por outros analistas, concluindo não ser eficaz a sua tática; faz uma ressalva de que isto só é útil quando existe uma coincidência do prazo estabelecido com o tempo necessário para o analisando finalizar o trabalho.

Também chegou à conclusão de que, embora o analista fique animado com a ebulição do material que surge sob a ameaça do anúncio do final da análise, outra parte será retida e, assim, ficará sepultada e perdida para o analista, pois, uma vez que o analista tenha fixado o limite de tempo, não poderia ampliá-lo; de outro modo, o analisando perderia toda a fé nele. Freud tampouco recomenda o encaminhamento do analisando para outro analista, pois tal mudança implicaria perda dos benefícios alcançados e do tempo despendido. Encerra essa discussão, referindo-se à fixação de datas como "artifício técnico compulsório" e declara que cabe ao analista a decisão de utilizá-lo ou não.

A informação que o analisando recebe do analista de que seu tempo concreto ali com ele está prestes a se esgotar, seja ele um ano, seis meses ou não importa quanto tempo, ocasiona um alto grau de turbulência em seu mundo mental e funciona como pressão sobre conteúdos reprimidos, podendo também desencadear fantasias de rejeição e abandono, antes não trabalhadas.

"*Há tantas modalidades de término de análise quantas análises existem*", escreve Ramón Parres (1950). E eu concordo. O autor consegue, no entanto, abstrair deste universo de possibilidades reconhecidamente tão amplo, um aspecto especialmente relevante: "*o tempo em que se deve iniciar o processo de término, que deve estar coordenado com as necessidades do paciente, motivo pelo qual será diferente em cada caso. Se nos apegamos de modo muito estrito às regras do término"*, adverte o autor, *"estaremos, na realidade, agindo em nosso próprio benefício, em lugar de compreender o significado que o término possa ter para o paciente".*

À medida que a análise avança, vários indicadores vão-se apresentando espontaneamente, ao analisando e ao analista, sinalizando que o processo já pode ser terminado. Digo "processo" mas, na verdade, o que tenho em mente é a situação ou experiência da análise — em outras palavras, analista e analisando vão, pouco a pouco, se dando conta de que está próximo o momento de não mais precisarem se encontrar. Fantasias, sonhos e material associativo que apontam nesta direção começam a surgir e a poder ser interpretados e elaborados.

A forma como se encaminhará o término do ponto de vista prático, a maneira como se conduzirá o "evento" do término assume características idiossincráticas — dependem das teorias, do estilo pessoal do analista e de seu senso de *timing*; bem como da personalidade do analisando, de suas demandas transferenciais, de sua história e circunstâncias de vida (para citar apenas alguns dentre tantos fatores possíveis de serem considerados). A história desta experiência única entre esta dupla única, desempenhará também um papel importante na forma como se dará o término dos encontros.

Segundo Melanie Klein, (1950) *"o término de uma análise"* [...] *"equivale a um estado de luto. Quando a perda representada pelo final da análise ocorre, o paciente ainda tem que se encarregar por si mesmo de parte do trabalho de luto"*; isso explicaria *"o fato de que, frequentemente, após o término de uma análise um progresso adicional seja ainda alcançado*".

Melanie Klein faz uma recomendação técnica explícita a respeito de como encaminhar situações de término:

> Penso que é muito útil que se deixe o paciente saber a data do término com uma antecedência de vários meses. Isso o ajuda a elaborar e diminuir a dor inevitável da separação, enquanto ele ainda está em análise e preparar o caminho para que termine, com êxito, sozinho, o trabalho de luto (p. 68).

Parece, no entanto, existir um consenso entre a esmagadora maioria dos analistas que fizeram recomendações técnicas a este respeito de que a proposta de dar por terminada a situação de análise não deveria jamais partir do analista. Este deveria até o fim manter sua postura de abstinência, limitando-se a interpretar o que, no material do analisando, sinalizasse seu intuito, desejo ou temor de terminar a análise. Etchegoyen (1987), tratando desta questão, escreve que, em princípio, o analista deveria abster-se de dar opiniões. Esta é uma posição partilhada pela maior parte dos analistas que, tal como Etchegoyen, advogam a ideia de que o analista só deverá assumir um papel mais ativo neste processo, emitindo sua opinião quanto ao término, quando explicitamente solicitado a fazê-lo pelo analisando. Neste momento emerge a necessidade de "contratar" o término, planejá-lo e agendá-lo. O analista não pode se furtar a ocupar-se destes aspectos formais do encerramento, tal como fez no início e no decorrer do processo, em relação a questões como: frequência de sessões semanais, horários, honorários, data de pagamento, uso do divã, e assim por diante.

A revisão bibliográfica a que procedi indica por um lado haver consenso quanto à ideia de que a decisão de pôr término à análise deve ser tomada de comum acordo pela dupla; por outro lado, os analistas concordam quanto à questão do estabelecimento de um prazo. Uma vez acordado o término entre analista e analisando, caberá ao primeiro — conforme sugeriram Freud e Klein — fixar um limite de tempo além do qual a análise não deverá prosseguir.

"*Do ponto de vista da técnica*", escreve Etchegoyen (1987) "*podem seguir-se vários cursos de ação*" [...] "*Pode-se fixar uma data concreta ou pode-se operar em dois passos, afirmando primeiro que a análise não se prolongará além de uma certa data e fixando, depois, o dia preciso em que se levará a cabo a última sessão*".

A avaliação da ocasião adequada para dar uma análise por terminada dependerá, para Freud (1937), do "tato do analista" — é uma questão de *timing* — ou, dirão outros mais tarde, um assunto cuja avaliação dependerá de "intuição".

Não é raro que, ao aproximar-se um final de sua análise, os analisandos sintam um impulso de terminar precipitadamente, para evitar os sentimentos que lhes provoca a fixação antecipada de uma data (Dewald, apud R. M. Waugaman, 1992).

Em *Análise terminável e interminável*, ele também recomendava sencerrada , não se deverá dilatá-lo. "*O leão só salta uma vez*", lá escrevia ele. Ferenczi e Rank, citados por Firenstein (1980), sugerem que, no momento em que a neurose de transferência tiver substituído inteiramente a neurose inicial, o analista pode propor que o trabalho seja encerrado depois de um prazo definido.

A imensa maioria dos autores que consultei concordam sobre este ponto, fazendo apenas uma ressalva: a de que se deveria reconsiderar a decisão, caso algum evento extremamente traumático viesse a desestabilizar o analisando nesta fase final do processo.

Alguns analistas questionam se este desligamento não se deveria fazer de forma lenta e gradual, diminuindo-se pouco a pouco a frequência de sessões semanais. Outros argumentam que, assim procedendo, se estaria estimulando a negação da realidade da separação e retardando o trabalho do luto.

Alexandre (1963, apud S. K. Firenstein, 1980, p. 323) propôs a ideia de que interrupções experimentais pudessem permitir ao analista fazer uma avaliação ou um prognóstico do que se passará com o analisando após o término definitivo. Penso que o argumento acima exposto vale também para refutar esta ideia.

Certamente, todas estas recomendações técnicas somente são válidas se o término for decidido em função de razões *intrínsecas* ao processo; na revisão da literatura, encontrei relatos de situações de "término forçado", isto é, encerramento por razões *extrínsecas* à análise — por exemplo, a mudança do analista de cidade (Dewald, 1966, apud R. M. Waugaman 1992), que tem desdobramentos e implicações totalmente distintos dos que estivemos examinando.

Ainda em relação à recomendação de Freud de que, uma vez fixado um prazo para pôr término a uma análise, este "deve ser irreversível", Etchegoyen (1987) comenta as consequências deletérias para o processo analítico que adviriam de uma eventual postergação da data combinada. *"Se nos equivocamos nesse assunto"* escreve ele, *"se vicia de nulidade o contrato analítico. Prolongar a data do término uma vez combinada significa tanto como começar tudo de novo. Sempre será preferível manter a data e deixar aberta a possibilidade de uma nova análise, com o mesmo analista ou com outro — o que"*, na sua opinião, *"seria talvez melhor para esse caso"*.

Algumas resistências ao término podem se manifestar, as mais características delas consistindo, segundo Garma (ainda no trabalho de Etchegoyen): "1) a fobia à melhora — ou o temor fóbico de ficar só, sentindo-se abandonado e desprotegido; 2) a intensificação do processo de luto; e 3) o denegrimento da capacidade do analista." Outros autores apontam também, entre as frequentes reações desencadeadas pela fixação de um prazo, um recrudescimento dos sintomas, indicador de um movimento regressivo.

Este período da análise é extremamente delicado, escreveram os autores que dele se ocuparam. Entretanto, conforme sugeriu Keiser, citado por Robbins (1975), os principais problemas técnicos a tal momento associados estariam na habilidade do analista *"em manter sua postura analítica habitual"* ao ser confrontado com as *"demandas especiais criadas pela introdução da questão do término"*.

6.

Depoimentos dos analistas

A seguir, apresento os depoimentos que recolhi, como parte da pesquisa para minha dissertação de mestrado, de alguns analistas contemporâneos pertencentes à Sociedade Brasileira de Psicanálise de São Paulo, sobre o que pensam hoje a respeito da duração e do término de análise. Ao compilar esse material, minha intenção foi ampliar nosso conhecimento sobre o assunto, de modo a refletirmos sobre como trabalhamos atualmente.

Seus depoimentos deixam transparecer a marcada influência que receberam, em sua formação, da Escola Inglesa de Psicanálise, em particular, de Melanie Klein e Bion.

Antonio Sapienza – Analista Didata da SBPSP

"Alta", de onde vem esse termo? Da medicina — envolve um modelo. Não é só a questão do tempo em si, mas entra essa variável. Este tempo, a rigor, não existe: o que existe é uma ideia que parece mais próxima do que acontece em treinamento militar, quando a pessoa "dá baixa". Como se uma experiência realista de análise fosse igual ao que acontece em uma situação de treinamento militar: a pessoa receberia um equipamento para utilizar onde estiver.

"Baixa" é uma espécie de aposentadoria. Ou o sujeito "baixa a guarda", porque está lesado. Existe também uma espécie de advertência de que a vida vai requerer que a pessoa mantenha-se em forma. A ideia de que, terminada a experiência analítica — dada ela por relativamente satisfatória — existe algo desse modelo médico.

É muito diferente você pensar em "alta", quando alguém entra numa UTI ou numa semi-intensiva. A experiência analítica não é assim, embora haja alguns colegas que comecem a negociar a diminuição do número de sessões quando se marca o término, e isso é uma ilusão.

Você está trazendo uma variável que é pouco estudada na prática analítica: o tempo. Depende de cada situação. Se você toma um modelo analítico, e fica anos com um paciente, é um casamento. Quanto tempo dura um casamento? Possivelmente, se a gente levar em conta as nuances e o tipo de vínculo, será um vínculo prevalentemente simbiótico, parasitário ou comensal. Dependendo do tipo de vínculo, você pode correlacionar isso à situação de análise: "Que uso está sendo feito da análise, por uma das pessoas, ou pelas duas pessoas?".

Quando se diz "tempo", não se está pensando no tempo que é medido pelo relógio. Há outras questões de tempo que nada têm a ver com o tempo de relógio. De que tempo se trata? Você está falando de tempo ligado a funções, não só o tempo ligado a demanda. Cada um dos seus analisandos tem uma demanda inicial que, às vezes, é a ponta de um *iceberg*. O paciente tem uma demanda a respeito de algo dele mesmo. É raro que um paciente, ao chegar, apresente as condições mais propícias ao vínculo. Pode aparecer um filósofo, ou um analista numa terceira ou quarta análise e isto vai-se desenvolver no processo. Às vezes estuda-se o que é que mantém a pessoa na análise, mas o que leva a pessoa a sair da análise... incompatibilidade?

Quando Freud escreveu *Análise terminável e interminável*, ele estava mais interessado em estudar os fatores de resistência nos pacientes, não no analista. Hoje em dia, já não é possível deixar de levar em conta a resistência do analista. Em *Cogitations* há um capítulo a respeito de resistência.

Para Freud, o paciente tinha uma neurose, fazia uma transferência com o analista e desenvolvia a neurose de transferência. É necessário que nós — analistas — tenhamos experiência de análise própria em função de redução dos pontos cegos (escotomas) e das implicações de objetos internos não analisadas que podem alimentar contratransferências etc. Com a fundação do Primeiro Instituto de Psicanálise, em Berlim, houve uma mudança — as análises dos analistas começaram a ir noutra direção. Reich, analista da primeira geração, passou a destacar a importância da análise de caráter, e não tanto, de análise de sintomas. Foi uma grande mudança, porque a questão deslocou-se dos sintomas para a personalidade. Além do que os analistas conseguiram desvencilhar-se da ideia do conceito de Freud de que não existe transferência na psicose. Dentre outros, Abraham, Klein (1950), Winnicott, começaram a lidar com as relações de objeto e a entrar nas questões narcísica ou parcial e, assim, passou a haver ampliação na investigação analítica das transferências psicóticas e daí o valor do estudo da resistência de áreas psicóticas com parceria. Se você pegar cada parceria, dependendo da situação que o analisando está fazendo, dependendo de como o analista está naquele dia para aquela situação específica — está realmente disposto a trabalhar?

Em *Continuity and changes in psychoanalysis* (1992), de Luciana Nissim Momigliano, no capítulo I — "A spell in Viena but was Freud a freudian?" — encontram-se trechos de análise e depoimentos de analisandos que tiveram experiência com Freud em diferentes épocas, da mais inicial até os americanos. Ante certos *insights*, Freud levantava, pegava um charuto, oferecia um para o paciente e brindava o *insight*. Será que era neutro?

Para certas situações, será que o analista veste o avental de chumbo? Se há uma pré-concepção de que vai haver uma novidade, ou de que vai haver identificação projetiva, será que o analista tira, ou será que não tira, o avental de chumbo? Há analisandos que dizem ao analista: "Você está com cara de analista". Estas são defesas, resistências, momentos do analisando que o analista está vivendo. Há técnicas que resolvem e técnicas que não resolvem.

Você está falando de cesura, término de análise. Há uma cesura para todos nós, que é a cesura de nascimento. Quando há um término de análise, supõe-se que durante todo o processo foi havendo nuances de vários tipos de cesuras: início e término de sessões, por exemplo, como cesura de nascimento, do desmame, do andar sozinho, da adolescência, até chegar à cesura inevitável para cada um de nós, que é a cesura da morte.

Então, quando você fala de tempo, para cada parceria que a gente forma há um início e um fim. Como a vida é um arco entre duas cesuras, cada análise é também um arco entre cesuras. Se não houver confusão de modelos de cesura, o término vai mobilizar o nascimento (quando o paciente vem, há o desejo de ter uma nova vida); existe a dupla (é fértil ou estéril); o bebê, que é o produto, está vivo, vai nascer. Se o modelo inicial de angústia é o nascimento, haverá angústia. Existe uma diferença entre angústia patológica e angústia que faz parte do existir e que não deve ser eliminada, embora exista quem queira eliminar também isto (suicídio, drogas). A nossa função não é eliminar esta angústia; é diferenciar como a pessoa vai lidar com ela. Há sentimentos, no analista e no paciente, de inveja, às vezes de ciúmes do próprio desenvolvimento; ou fantasias filicidas de matar o bebê que está para nascer. Bion diz que todos somos sobreviventes do treinamento de uma escola de crime chamada "família". A gente elabora as fantasias filicidas, parricidas, matricidas, fratricidas, na expectativa de que o contato e a eliminação dessas fantasias sirva para impedir que a pessoa atue estas fantasias. Mas uma parte do espírito das tragédias é isso. Com o tempo, a gente vai se deslocando para as questões de equipamento da mente.

Quanto tempo leva para aprender uma língua estrangeira? Quanto tempo leva para aprender a tocar violino? Depende: se a pessoa quer aprender a dizer *good bye*, se quer aprender um inglês de aeroporto... Mas se quer aprender Shakespeare... Estamos falando de aprender, de assimilar a experiência.

No final de *Cogitações*, falando de análise, Bion (1992) diz que na análise, analisa-se se a análise está sendo eficaz, ao mesmo tempo que há descobertas. Pela própria característica da análise, o mundo que se investiga expande-se. Portanto, existe sempre uma defasagem entre o que se descobre e o que se ignora. Mas como não é possível, para nenhum de nós, estar sempre em análise, surge a questão de o que é lidar com esse hiato. Há analistas que dizem que um dos modos de manter a forma é ficar no canto, em função do paciente e para aprender da experiência. Há analistas que não se dão conta disto. Quando se dão conta, como elaboram que, em algum nível, há um compromisso com os objetos internos do analisando, em busca de obter benefício? Pode dar culpa ou não. Se não der culpa, o que acontece se o analista não tiver consciência disso? Em alguns analistas há tanta culpa, que eles sequer atualizam os honorários. É frequente. Em alguns casos, o analista beneficia-se tanto que deveria — o analista — pagar ao paciente, dependendo do superego do analista. Entram aí essas questões de resistência que nós, analistas, temos de focalizar. Por isto é que uma boa parte dos trabalhos, em reuniões e congressos, passaram a focalizar mais veementemente a identidade do analista. Tem a ver, na essência, com dinâmica de superego do analista.

Freud distingue diferentes tipos de masoquismos, em "O problema econômico do masoquista" (1927). No masoquismo erógeno, o paciente obtém prazer da dor. Há uma carta de Freud, no fim da vida, na qual ele diz que o analista tem de saber dosar o quanto de masoquismo erógeno ele permite que exista em funcionamento na sessão, e fora da sessão. Masoquismo erógeno significa que você, entrando na função, vai entrar em contato com permissividade para um certo *quantum* de dor. Se for excessivo, deixa de ser erógeno e torna-se masoquismo perverso e aí o analista facilita a dinâmica sádica do paciente. O paciente também precisa ter uma certa quantidade de masoquismo erógeno para permitir a existência da dor. Enquanto se está investigando, o analista está sofrendo sentimentos. Não é para satisfazer fantasias sádicas que o paciente tenta transformar a dor, em nome da investigação ou de outros vértices. A situação é de substituir aquilo que se chama de dor inevitável, por dor evitável — tanto que uma boa parte da questão da empatia em análise, reside em o analista saber lidar com dor inevitável, diferenciando-a das dores evitáveis. Se o analista pega uma área traumática que esteja surgindo na relação analítica — eu tenho feito um pouco isso ultimamente — um pouco usando esse modelo das questões das dores evitáveis e inevitáveis, eu vou colocar para o paciente que nós estamos numa área dessa natureza e eu não posso estar no lugar da outra pessoa para saber o uso, a função da lembrança e nem se a dor é suportável ou insuportável.

Se eu fosse cirurgião ou dentista, mesmo quando em certas áreas não é possível anestesia, por exemplo em tratamento de canal, a pessoa levanta a mão quando começa a doer. Você tem de alcançar matéria viva, enquanto não alcançar, ela não para de incomodar. Alguns analistas nessa área estão chamando isso de escarificação, de retiradas de defesas mortificadas. É preciso trabalhar isso e é preciso tempo para ver a função desse tipo de defesa. Como é que se pode desorganizar para fazer uma outra organização, e não para haver a repetição, para perder aquilo que Freud chamava o masoquismo como função e estrutura de uma das resistências básicas, um dos fatores básicos já em *Análise terminável e interminável* (1937). O rochedo que impede um êxito relativo na análise chama-se masoquismo. A dor tem uma função, a manutenção do sintoma tem uma função econômica. Há pacientes que, quando você fala em término, em lugar de lidar com a cesura e as ampliações do que isso significa — angústia de morte — fazem um surto maníaco ou melancólico e se ameaçam. Com outros pacientes, não se pode falar em separação, quer dizer que em algum nível existe a fantasia que a análise é eterna, para sempre. Na medida em que é desfeita a onipotência, que nós, por exemplo, somos mortais, como na questão do tempo, alguns pacientes fazem reação circular: o medo de ter medo gera medo que vai desencadear medo de sentir medo. O analista, além de trazer o modelo, terá de ser capaz, em certos momentos, de apresentar alguma coisa que possa interromper essas reações circulares.

Bion fala de três vínculos: comensal, parasitário e simbiótico. A relação parasitária tem uma característica, se você lembrar que vem de um modelo da botânica. A relação parasitária está sempre associada ao fenômeno do parasitismo. No parasitismo tem de haver um hóspede e um hospedeiro. É um modelo clássico. No parasitismo, há um objeto idealizado e um apêndice; este objeto idealizado em relação ao apêndice, com o tempo, vai-se esvaziando. E este objeto (parasita) que funciona como um saco sem fundo, sem ter uma fonte interna, também perece. O exemplo desse modelo no organismo humano são as infecções. Um outro modelo fora desses três vínculos é a tirania. Por exemplo: as formigas capturam os pulgões que vivem nas planícies, para usá-los como "vacas leiteiras". Os pulgões são levados para lugares onde existem plantas e lá sugam a seiva das plantas; as formigas então levam os pulgões para dentro da colônia e, graças à expulsão do açúcar já metabolizado, obtêm nutrição para os filhotes. Neste trabalho que o Junqueira e eu fizemos (1996)[1], falamos um pouco sobre estes três tipos de vínculo: parasitário, simbiótico e comensal. No comensal — o próprio nome está dizendo — há uma divisão em que as pessoas, no caso, um casal ou uma família, mantêm a territorialidade. Não há interação. No texto, comentamos o caso do casal que vive como se estivessem num hotel, cada um com a sua "vida". Às vezes, em nome do modernismo, o casal tem uma

---

[1] SAPIENZA, A.; JUNQUEIRA Filho, L.C.U. (1996) Eros Tecelão de mitos. In FRANÇA, M.O. de A.F. (org.) *Bion em São Paulo: ressonâncias*. São Paulo: Imprensa Oficial do Estado: 185-200.

interação pró-forma: cada um tem sua vida, seu amante etc. e há um acordo. A relação afetiva é transformada numa espécie de "firma", é um acordo que nem sempre é "de cavalheiros". A ideia do comensal também foi tirada da biologia. Num dos filmes da série *Discovery*, por exemplo, as leoas vão caçar e há um bando de hienas que segue as leoas. Depois de as leoas abaterem a caça e tirarem as partes que lhes interessam — a elas e aos leões, que são como reis e não caçam — as hienas vêm e alimentam-se. A relação entre as hienas e as leoas é uma relação de comensalismo: não se atacam entre si, há um aproveitamento, há um pacto. A relação simbiótica também é tirada da biologia. (Mas é diferente da proposta — sob o mesmo nome — apresentada por Margarete Mahler, quando estuda a individuação, para contrastá-la com o autismo). Na relação simbiótica, a união é muito intensa; a relação é uma relação de paixão. Há muito confronto, mas prevalece no confronto, o proveito para as duas partes. Há uma forte interação na área de amor, conhecimento, agressividade. Há muita vida. Bion propôs este trio. Na realidade, veem-se outras relações, de tirania, por exemplo, como existe na natureza, de tirania e ditadura. Bion começou a tratar disso porque ele estava interessado em propor, à luz desses modelos, uma visão nova de resistência em análise, que focalizasse a resistência a partir da dinâmica que está envolvida na defesa. Preferiu pegar certos modelos em que se estuda, de outro modo, o fenômeno resistencial. Quando você fala de relação parasitária, pela própria correlação, como o modelo está associado ao fenômeno de infecção (em alguns casos de parasitismo há produção de substâncias tóxicas), pensa-se em envenenamentos. Pela própria situação, muitas das fantasias de onipotência do paciente vão-se desfazendo, porque o paciente já vem com currículo. Na relação comensal, as pessoas não conseguem conversar; falam, mas não conversam, não se ouvem. Provavelmente, estas pessoas entretêm alguma teoria muito profunda de que nós nos alimentamos das doenças delas. Se o sujeito não está tão no corredor, vai-se conversar e vê-se que a fantasia ou que a teoria que mantém o vínculo é a patologia. Se o analista cola nesse tipo de relação, vai fornecer patologia para dizer que está mantendo a relação à custa desse sacrifício. Claro que há modelos envolvidos nisso; desde o início da vida, o sujeito pode ter-se sentido usado como bode expiatório, e mantém-se como o sujeito que, ruim ou estragado, está decomposto, para assim, sacrificialmente, manter intocável essa teoria.

Eu penso o seguinte: não há uma divisão rígida entre esses três vínculos. O que se poderia fazer, na verdade, é colocar parasitismo « simbiose « comensalismo, com flecha nas duas direções. Quais são os fatores que fazem com que haja deslocamento? Às vezes, dependendo da área, pode-se ver a prevalência de um tipo de vínculo numa área afetiva dissociada de uma área sexual. Muda, quer dizer, dependendo da angústia, dependendo da configuração, você vê deslocamento.

Se você apanha o exemplo de um paciente que usa a memória para não crescer, a questão é ver o uso que o paciente faz da memória. Para o senso comum, "recordar é viver". Mas, se o paciente usa o recordar para se torturar, aparece a questão do uso. Em Freud, no trabalho clássico, há pacientes em que a função da memória não está na área da elaboração: está na área da tortura, ou do confessional paralisador. O que passa a nos interessar é a gama ampla de usos que o paciente possa estar fazendo de uma experiência traumática ou de uma recordação ou, eventualmente, da fase final da análise.

Laertes Ferrão[2] – Analista Didata da SBPSP

A maioria dos pacientes que nos procura vem com muitos problemas, e é comum que repitam processos defensivos do início da vida psíquica, próprios para a sobrevivência psíquica na ausência de crescimento mental pelo aprender da experiência emocional, e nos usam e à psicanálise, como continentes do objeto narcísico idealizado, em todas as suas variações — corolário do poder e da dor. Seria desejável que não ficássemos entretendo essa relação idealizada. É um relacionamento parasitário, no qual analista e analisando não aprendem da experiência analítica e juntos produzem um terceiro objeto — o entretenimento, a falsa psicanálise —, que destrói os três: o desenvolvimento cognitivo-emocional do analista, o do analisando, e a psicanálise. A psicanálise não é continente, é uma investigação.

---

[2] Falecido em 5 de janeiro de 2011.

Depois de um tempo de trabalho, os analisandos com condições realizam abordagem científica psicanalítica, através da observação, que não é uma técnica, mas uma função da personalidade, que se vai desenvolvendo, e só assim, estão em condições de decidir se querem continuar o trabalho e submeter-se à psicanálise. Inicialmente, estavam em busca de meios mágico-onipotentes. O progresso da investigação psicanalítica realiza-se no vínculo C. Se o relacionamento analista-analisando é comensal — *"por comensal entendo um relacionamento em que dois objetos compartilham um terceiro para vantagem dos três"* (Bion, 1970). Neste caso há desenvolvimento do analisando, do analista e da investigação psicanalítica. Enquanto o paciente quiser, e eu perceber que está havendo trabalho, e eu estiver aprendendo, a análise continua. Não sei por quanto tempo, não me preocupo com isso, Outro dia um paciente me falou que estava há quinze anos em análise e eu nem sabia. Houve análises nas quais fomos diminuindo o número de sessões para três, duas e uma, e duraram muitos anos.

Leopoldo Nosek – Analista Didata da SBPSP

Na análise, começa a acontecer uma história, uma história natural, que acontece no mundo das pessoas. Eu não acredito que um dos personagens é analista e o outro é analisado. É análise, porque alguém relata esta história e ela vai-se tornando sonho, palavras, uma história que pode ser pensada. A história de uma análise, a ser construída, é uma história atuada por dois personagens, mas menos pelo analista que pelo analisando. Menos pelo analista, porque o analista não tem texto, não tem cultura, não tem traço social nem direção. Mas começa a acontecer uma história dentro da sessão. Não se usa muito a palavra; o que começa a haver é mesmo uma ação, que "vira" análise quando o analista elabora aquela ação, junto com o analisando, e transformam o que era "ação", em texto. O que o paciente não tem condição de pensar, está sendo transformado em texto. Mas neste momento, pode acontecer de o paciente parar, depois de doze anos de análise; pode acontecer de ele encontrar outro analista; e pode acontecer, também, de a análise readquirir criatividade e de o paciente começar a análise do ponto-zero. E, então, já se trata de outras coisas, porque o que não pôde ser pensado, reaparece. Portanto, a análise não tem fim, mas casais podem tornar-se estéreis.

Há muito tempo, tive um analisando que vinha de outra análise. Eu pensava "Puxa, mas essa pessoa não viu nada!" Parecia que a pessoa não havia visto nada... e não aparecia o que ela havia visto! Pode-se também ver as coisas sob outras formas, e isto é infindável. É uma história natural, que pode ter momentos de esterilidade. A esterilidade é um fenômeno da história natural dos dois. Quando não está acontecendo nada, e o paciente se adapta à situação, eu não me adapto, coloco isso em palavras e não tomo o tema como um fato que requeira ação. Às vezes, na minha experiência de análise, surpreendo--me quando o paciente não está mais transando; depois que eu falo, ele se dá conta, e começa a trabalhar. Ter trabalho ou não ter é que é o objeto da observação, da análise.

Tenho um paciente que faz sessões duplas. Na última sessão, houve um momento em que ele começou a chupar dedo. Neste momento, eu fiquei sem papel, e ele foi embora. Como ele já tinha feito o mesmo em outras análises — este tipo de agressão — não achei que estivesse tomando uma atitude contra mim. Há gente que está chupando dedo há dois, três anos. Quando é para acabar, o paciente vai embora. Se não vai embora é porque para ele está acontecendo alguma coisa. Sempre está acontecendo alguma coisa, quando o paciente não quer ir embora. De repente, (a "coisa" está acontecendo...) ele acha um lugar no mundo. Mesmo pacientes que têm certeza de que nunca tiveram um lugar para conversar, sempre tiveram "algum lugar", mas o lugar não estava em uso, e é reencontrado na análise. É quase impossível que alguém venha para uma análise sem ter tido mesmo, lugar algum. Pode acontecer de o lugar estar muito escondido, mas ainda assim o paciente tem a esperança, e persiste na procura.

As pessoas vão para análise porque não aguentam mais viver como estão vivendo, e querem mudar; mas há quem pague o dobro para não mudar. Eventualmente essas pessoas (as que pagam o dobro para não mudar) são pessoas que chupam o dedo, tem o objeto interno alucinado e projetam-se nele. E é esse objeto interno alucinado que vai lidando com seus fantasmas. O analista sente quando uma pessoa para a análise: e ela para quando não pode "se enrolar" e o analista não interpreta. Você concorda, é um modo de expressar-se, o analista fica totalmente sem papel, sem função, aí quer mandar embora o paciente.

Não acho que você tenha de preocupar-se com o tempo. Às vezes, você acha que não acontece nada mas, para o paciente, está acontecendo, com ele mesmo.

Tudo isso faz parte da história de uma análise. Eu, Leo, diria a um paciente que estivesse comigo há doze anos: "Sabe o que eu vejo? Que você vem aqui há doze anos, a gente troca e eu fico me perguntando se essa análise ainda está fértil". Conforme a resposta, veria como o paciente começa a funcionar. Talvez o paciente sinta que eu o esteja mandando embora, talvez não. Mas sempre há trabalho para fazer.

Interrupções acontecem a todo momento; interrupção no interior da sessão quando o analista se distrai, interrupção entre uma sessão e outra, entre uma semana e outra. O pânico do paciente tem a ver com hiato, ele tem uma relação com o seio, mas não transa maduramente. Uma transa madura, uma relação sexual, tem dois pontos de angústia: um é o ponto de alucinação, de se voltar para o outro, essa coragem da gente... mas tem o segundo ponto: é voltar para si. O paciente pode fazer de uma forma tão intuitiva que a transa analista- paciente ocorre, mas o paciente não volta para si, continua assim. Aí, os anos não tem nada a ver. O paciente nunca percebe que não está com você, mas a presença real e a presença alucinatória do analista protegem, o paciente, do pânico de se ver só. Há pacientes que querem estudar psicologia só porque eu sou analista; é um modo de eu ficar mais com eles. São histórias completamente diferentes; um chupa o dedo, outro transa e não desgruda.

O problema não é o tempo de duração de uma análise; o problema é o tempo que uma análise fica sem elaboração. Por um lado, é essencial você deixar acontecer; por outro lado, é essencial transformar o que acontece, em pensamento. Se você transa, mas nunca "vira para o seu lado", o que acontece é que você não transa de fato. Há momentos em que o paciente "pode" ouvir e eu "posso" ter o *timing* de falar.

Freud fazia análise lá (só no analisando), não fazia nada aqui (no analista). Não entrava na relação, não transava com o paciente. Então, a pessoa ia embora, ou então era como se... o freguês ficasse magoado.

Acho que a gente foi aprendendo a mergulhar mais, a deixar acontecer uma história, em vez de falar das estruturas intrapsíquicas. Como a Betty Joseph dizia, um acontecimento global. Há um artigo que eu acho maravilhoso, de Searle. Ele trabalhou meio sozinho, isolado — uma coragem fantástica — e escreveu um trabalho em que um paciente é o analista do analista. O argumento é o seguinte: os pacientes precisam de um acontecimento, precisam ter o analista na cabeça. Então, o paciente elabora isso. A gente não se autoriza a transferência, mas a gente também se expõe, despe-se. Acho que não é bem supervisão, mas o que está acontecendo com o casal (analista/analisando) é um dado a ser considerado. Alguma coisa passa na cabeça do analista para querer mandar um paciente embora. Pode ser culpa e o analista precisar de um artigo que o referende. Nesse caso todo um caminho que poderia ser fruto da análise, começa a ser desenvolvido fora da análise.

O que me parece mais chocante na análise é perceber que uma pessoa de quarenta, cinquenta anos — é doloroso perceber isto — viveu baseada em ideias, teorias falsas. Por exemplo: quando uma pessoa acha que nunca foi vista, esta é a base dela; ela acha normal, e volta e meia volta para isso justamente porque isso é a base dela. Mas a vida dela foi-se transformando, e isso, claro, atrapalha uma relação muito amorosa. Quando uma pessoa está descolando de outra, você não sabe que bicho vai dar.

Luiz Meyer – Membro Efetivo da SBPSP

Minha sugestão é que você esqueça a teoria. Vá ver essa situação única e comece a conversar com você mesma. Por que ficar dez anos? A primeira coisa que você percebeu foi um indício externo. De repente, você deu-se conta, de fora para dentro, que eram dez anos. Foi um indicador externo.

Os trabalhos bons são os trabalhos confessionais, que falam da experiência, mas isto já é uma questão para os analistas. Análises de seis, sete anos, indicam que há alguma coisa acontecendo no seu modo de trabalhar. Se é de fora para dentro, então essa já é uma questão: por que será que, de repente, você deu-se conta? Aí já surge uma questão curiosa: você me diz que, por você, não pararia. Então, por que será que precisou que acontecesse alguma coisa de fora? O que há no seu modo de trabalhar, aliado ao dos seus pacientes — porque eu acho que a gente acaba tendo um perfil de pacientes — para que seus pacientes fiquem por tantos anos? É preciso acabar com esta bobagem de "já são dez anos", "você é uma analista sedutora". Tudo bobagem. O importante é que o trabalho só rende quando a gente se debruça; a gente só aprende, quando começa a ver as tramas da análise, as dificuldades, o que está acontecendo ali. O interessante é responder perguntas, como: "Por que os meus pacientes ficam tanto tempo?", "Será o meu jeito de trabalhar?", "Será que eu não gosto de pensar na separação dos pacientes, porque os pacientes tampouco gostam?". Neste caso, a questão teria dois lados. Pode haver algum pequeno elemento teórico, um campo do trabalho que você estabelece com os seus pacientes e que eles estabelecem com você? Há muitas áreas para trabalhar, mas há uma área que pode ser aprofundada. Há uma área tabu? Há um conluio entre você e o paciente? Quem sabe você pode trabalhar tudo (sexo, Édipo, infância, medo), mas não pode trabalhar a separação? Aí já apareceria um elemento de maior dificuldade. Um analista não trabalha a sexualidade, a fidelidade; outro não trabalha competição. Cada campo de trabalho tem um elemento de maior dificuldade — o bonito é quando a gente descobre.

Quanto à minha experiência, tenho um paciente há muitos anos. Tive três, quatro pacientes que fizeram análise e depois voltaram. Eu acho que a questão da experiência não deve ser a experiência da separação, de terminar a análise, porque é preciso ver do que o fim da análise é símbolo. Em muitos casos, o paciente achou que era suficiente, que aquilo era tudo. Eu não concordo nem discordo. Digo: "Então vamos levar isto até o fim, vamos ver". O número de anos varia muito. Há pacientes que querem ir mais fundo.

Em termos teóricos, nos seus casos, ficou para ser conversada a questão da separação, de viver longe do objeto, do medo de não o ter internalizado. Um objeto precisa sempre, basicamente, do objeto existente. Mas a análise deve, teoricamente, levar à autoanálise.

Você pergunta se precisa muito mais tempo de análise. Não é que as coisas sejam demoradas: é que a gente vai ficando muito ambicioso. Essa é uma crença, uma ideia. Pode acontecer de um paciente procurar o analista por causa de uma situação específica, por exemplo, uma depressão. Quando ele sai dessa depressão duas coisas podem ocorrer; a análise dele pode estar acabando ou começando.

Você não pode tomar o público psicanalítico profissional como um público padrão. O seu público realmente é interessante e a gente deve colocar para dentro essa pergunta que veio de fora. Aí a sua pergunta tem mais impacto, mas o problema novamente tem que ser um pouco deslocado: o que há no nosso trabalho para que não se coloque a questão natural de encarar a análise como um trabalho finito, sobretudo depois de dez anos? Seria interessante imaginar o que o analista faz com o horário do paciente que falta, por exemplo. Poderia também tentar uma revisão da literatura, indicar dois ou três autores que talvez tratem da questão pelo viés que você está interessada. Lembro de um artigo recente de Klauber "A análise não pode ser terminada"; já o título parece mais próximo da sua problemática. Mas estamos falando não do término da análise, como processo, mas do término de uma dificuldade de desligamento de pessoas. Do ponto de vista teórico, o Meltzer toca nesse tema, em "Processo analítico da introdução", mas toca de modo genérico.

Uma análise "normal" termina, na verdade, se você tiver uma visão psicanalítica, quando o sujeito internalizou a função analítica. Se você não tem um viés médico, você não tem, necessariamente, de tomar como critérios os critérios habituais da psicopatologia: desaparecem os sintomas, o paciente para de apresentar certos comportamentos considerados patológicos, a gente está mais feliz, a gente ajudou, análise ajudou, ele está contente etc. Esse não é o critério.

Para um critério psicanalítico, o que interessa é a possibilidade de o sujeito caminhar para uma autoanálise. O que é uma autoanálise? É a internalização de um objeto com essa função com o qual o sujeito dialoga. Neste sentido, a análise é interminável; neste sentido não há interrupção da análise: há o fim da análise. Analista e analisando param de se encontrar. Parece que este é o seu problema: a dificuldade de discernir se o critério foi estabelecido, ou se não foi. A paciente não consegue desgrudar-se, parece que ela não tem um objeto interno do qual ela possa depender para exercer a função analítica. A paciente não introjetou o objeto analítico. Acho que você vai encontrar uma porção de artigos que vão falar sobre "critérios", mas todos serão critérios de comportamento e funcionamento mental, que não consideram o processo analítico como autointrojetado em função analítica.

A gente pode ver a análise como uma tentativa de conviver com uma dependência dos aspectos infantis em relação ao objeto provedor, para que não seja uma dependência aterrorizante, porque é a dependência aterrorizante que exige um objeto idealizado. Se a dependência pode ser controlada, se o paciente aceita conviver com os aspectos carentes, dependentes, há algum objeto com o qual ele pode lidar e este não é um objeto idealizado, mas vai ajudar a dar conta da situação de dependência, ele não regride tanto.

Lygia Alcântara do Amaral[3] *– Analista Didata da SBPSP*

"Fim de análise" constitui-se de movimentos que denotam crescente segurança em ambos parceiros, cuja caminhada, empreendida há bastante tempo, foi revelando cada vez mais, a importância da autointrospecção, levando à autonomia do indivíduo. Ir embora, não saber como acabar, ficar na dependência do outro? Não há uma regra, como acontece em todo trabalho de análise. Você pode ter uma teoria, mas sempre há

---

[3] Falecida em 30 de agosto de 2003.

um movimento que vai sendo organizado, formado, à medida que você entra em contato com aquela pessoa. Ao aproximar-se o fim de uma análise, o paciente vai percebendo quanta coisa ainda tem para descobrir — e sempre terá — para trabalhar com o analista ou sem ele. Quando fica muito angustiado e acredita que não poderá continuar sozinho, mesmo que o término já tenha sido combinado com o analista, temos de indagar que angústia é esta. Que medo tão grande é este de separação? Esta seria, então, a importante questão a ser elaborada, que talvez só tenha emergido, neste momento, sob a pressão do final da análise.

O quanto o fim de uma análise está relacionado com o estado de espírito do analista? Se o analista não tem uma capacidade de introspecção para perceber o que ele mesmo está internamente vivenciando, se o analista está com problemas pessoais, o paciente capta. Os analistas vão sendo ajustados pelos próprios pacientes. O trabalho de análise funciona em vários níveis; de repente, o paciente pode pôr em palavras e falar de algo, do início de sua vida, que nunca tinha sido mencionado. Percebe que muito do que era vivenciado como se fosse realidade, e era objeto de pavor, não passava de imaginação, estava somente dentro dele. Descobre que não precisa mais olhar embaixo da cama, como as crianças que têm medo de bicho papão.

Por que quinze anos seria tempo demais? Não seria o caso de pensar até que ponto é você mesma que está definindo este limite de tempo? Não é só o tempo cronológico que determina o final da análise. Não me preocupo muito com o tempo. Faço muita reciclagem de análises, acho até que poderia ser feita com outros analistas. Através do trabalho, a gente tem de tentar ver, justamente, o que está impedindo o afastamento. Pode aparecer através de um detalhe, que se torna muito importante, porque só apareceu neste momento de final de análise. Você tem de manejar tudo isso consigo mesma. Depende da situação interna que você seja capaz, não apenas de lidar consigo mesma, mas também de lidar com os outros. É o que se vê, por exemplo, na Sociedade: quanto tempo as pessoas levam para apresentar um trabalho! Ficam sempre na dependência. Os chamados egressos, os que permanecem na penumbra, sem que possam emergir do âmago de si mesmos pelo temor de exporem o resultado do trabalho penosamente elaborado, como se não houvesse, por parte de seus companheiros, a aceitação do que lhes é muito caro, o produto de amor, de incertezas, de vacilações sem fim, até que possam se lançar e contribuir para o seu grupo de trabalho. Não é que não produzam, a dificuldade é de enfrentarem os outros.

Minha experiência com o trabalho de observação mãe-bebê oferece um bom estímulo. É discutido no grupo de observadores, coordenado por psicanalistas experientes, e oferece a oportunidade de acompanhar os movimentos que revelam o crescente aprendizado do bebê no seu ambiente. A mãe em primeiro plano está com a criança e ambos levam o observador a aprender e descobrir em si mesmo algo nunca tocado, durante o seu longo período de análise pessoal. A boa mãe é aquela que, ao sofrer momentos de separação do seu bebê, o ajuda e respeita os movimentos de emancipação, de separação. São muito importantes, por exemplo, os trabalhos de Frances Tustin sobre as crianças autistas. Qual a dificuldade, o que ocorreu para uma criança voltar-se assim tão violentamente para si mesma? Para não querer nenhum contato com o mundo?

Nada é tão imprevisível quanto uma análise, não dá para querer colocar a psicanálise dentro de uma regra.

Marion Minerbo – Analista Didata da SBPSP

Nas análises intermináveis, trata-se sempre de estruturas psíquicas bastante danificadas. O importante é identificar qual a função inconsciente, transferencial, que a análise ou o analista estão preenchendo nessa estrutura, já que não é mais o trabalho analítico ou a elaboração de aspectos mentais que estão em jogo. Algumas vezes o analista transformou-se em *prótese psíquica* que não pode ser dispensada, ocupando a função da parte danificada da mente do paciente. Nestes pacientes, aliás, a noção de tempo cronológico, objetivo, talvez nem exista, e simplesmente a análise faz parte da vida como comer e dormir.

Outra possibilidade é do próprio trabalho analítico estar sendo iatrogênico. O analista pode estar, contratransferencialmente, mantendo e estimulando a dependência de seu paciente por se acreditar, ou por desejar ser, indispensável. Ele pode estar estimulando as cisões, mantendo-se num polo idealizado por temer ocupar, transferencialmente, um lugar psíquico em que seria objeto de ódio e violência por parte de seu paciente. Evidentemente, o paciente não pode nunca dispensar um analista tão idealizado.

Talvez haja casos em que a problemática mais primitiva do paciente é insolúvel, sem passar por uma eclosão francamente psicótica. Neste caso, as defesas do paciente podem ser, de fato, intransponíveis, perpetuando a análise. São casos que colocam limites para uma abordagem psicanalítica: casos não analisáveis. Ou, ainda, estes casos podem não ser analisáveis por uma abordagem tradicional, exigindo alguma inovação técnica e uma mudança de referencial teórico por parte do analista.

7.

COMENTÁRIOS SOBRE OS DEPOIMENTOS DOS ANALISTAS

Conversando certa ocasião com Fábio Herrmann[1], analista didata da SBPSP, a respeito de término de análise, ouvi-o declarar que a análise deve morrer de morte natural e que seu final faz parte do processo, resultando de uma espécie de esgotamento (parece, nesse sentido, partilhar da posição adotada por Ferenczi, em 1927). Segundo sua observação, ao se aproximar o final da análise, os pacientes costumam repassar a história da análise, avaliando-a retrospectivamente. Alguns desenvolvem sintomas, como uma espécie de comemoração do final do processo. Outros têm dificuldade de abrir mão da proximidade do analista. Em casos de análises muito longas, a dificuldade de interrupção pode ser atribuída ao analista. Fábio observa que os analistas deveriam perder o medo da expressão "psicoterapia", devendo valorizar a dimensão terapêutica da psicanálise, ainda que esta não dê conta da densidade trágica da existência humana.

---
[1] Falecido em 8 de julho de 2006.

Em relação especificamente ao tópico "tempo", pelo menos três analistas relativizaram o conceito de tempo cronológico, sugerindo que o tempo da análise, o tempo psíquico, é de uma outra natureza. Aliás, já Freud nos advertia, há cem anos, sobre a *atemporalidade* dos processos psíquicos inconscientes.

Ouçamos o que declara Antonio Sapienza sobre esta questão: "Quando se diz 'tempo', não se está pensando no tempo que é medido pelo relógio. Há outras questões de tempo que nada têm a ver com o tempo de relógio." Sapienza se pergunta: "De que tempo se trata? Você está falando de tempo ligado a funções, não só o tempo ligado a demanda. Cada um de seus analisandos tem uma demanda inicial que, às vezes, é a ponta de um *iceberg*. (p. 76)

Leopoldo Nosek também parece considerar esta questão, em si, secundária. E comenta: "Quando é para acabar, o paciente vai embora. Se não vai embora, é porque para ele está acontecendo alguma coisa. Sempre está acontecendo quando o paciente não quer ir embora." E acrescenta, mais adiante: "Às vezes, você acha que não acontece nada, mas para o paciente, está acontecendo, com ele mesmo".

Eu compartilho de sua opinião, quando diz que sempre há trabalho para fazer e que ter ou não trabalho para fazer é o objeto de observação da análise. Em relação a tempo, Leopoldo opina que não é o tempo de duração o que importa e, sim, "o tempo em que uma análise fica sem elaboração." Por outro lado, embora acredite que análise não tenha fim, chama a atenção para o fato de que "casais podem tornar-se estéreis". (p. 85)

A questão do tempo é igualmente relativizada por Laertes Ferrão, que diz não se importar com o tempo em si, mas sim com o "desenvolvimento do analisando, do analista e da investigação psicanalítica. Enquanto o paciente quiser e eu perceber que está havendo trabalho e eu estiver aprendendo" — é a ressalva que faz — "a análise continua". (p. 85)

Lygia Alcântara do Amaral emite um parecer semelhante. E questiona: "Por que quinze anos seria tempo demais?" Opinando em seguida: "Não é só tempo cronológico que determina o final da análise. Não me preocupo muito com o tempo". (p. 93)

Luiz Meyer, no entanto, alerta para o fato de que, no caso de análises que se estendam por muitos anos e que constituam uma ocorrência frequente na clínica de determinado analista, este deveria se perguntar sinceramente: "Por que os meus pacientes ficam tanto tempo? Será o meu jeito de trabalhar? Será que eu não gosto de pensar na separação dos pacientes, porque os pacientes tampouco gostam?". (p. 89) E sugere — na eventualidade de este ser um perfil dos pacientes deste analista — que possa estar em jogo algum conluio: um acordo inconsciente entre analista e analisando, no sentido de manter a separação como um assunto tabu ou, como diria Paula Heimann (apud H. Rosenfeld, 1971), como uma área da mente do analista que poderia ser classificada como "privativa: proibida a entrada". Meyer faz, a este respeito, menção a um artigo de Klauber (1977) que, aliás, consultei em minha revisão bibliográfica e que justamente se ocupa de análises "que não podem ser terminadas". Entretanto, não é só a questão do término da análise que ele aborda em seu depoimento. Também se questiona: "O que é que leva o paciente a procurar uma análise? Um motivo específico? Sair da depressão? Separar-se do marido?" E alerta para o fato de que, dependendo do paciente, quando o motivo da queixa inicial desaparece, a análise pode terminar ou é aí que realmente vai começar. Outra distinção que faz Meyer é entre término de análise como processo e dificuldade de desligamento entre pessoas.

Marion Minerbo, considerando a questão das análises de difícil término, afirma "tratar-se sempre de estruturas psíquicas bastante danificadas", sugerindo que caberia investigar qual a função inconsciente, transferencial, que a análise ou o analista estariam preenchendo nesta estrutura." A imagem a que recorre é contundente; diz ela: "Algumas vezes o analista transformou-se em *prótese psíquica* que não pode ser dispensada pelo paciente, ocupando a função da parte danificada de sua mente." Marion acredita que nestes casos a análise teria passado a fazer parte da vida destes pacientes, da mesma forma que "comer e dormir".

Estaríamos às voltas com um quadro de "adição à análise?", pergunto eu. Poderia ser este um exemplo, do que eu chamei no meu modelo D., de análise interminável? Segundo Maria Lúcia Gutierrez[2]: "Tem gente que se esconde da vida atrás de um divã".

---

[2] Psicanalista da SBPSP.

Em seu depoimento, Marion também chama a atenção para a possibilidade de o "próprio trabalho analítico estar sendo iatrogênico". A depoente salienta ainda um outro ponto a ser considerado na avaliação das análises de difícil término: a analisabilidade do paciente, pelo menos sob o prisma da análise tradicional. Sugere a possibilidade de que, em alguns destes casos, a problemática mais primitiva do paciente talvez seja insolúvel, a menos que ocorra uma "eclosão francamente psicótica".

Tal como Nosek e Ferrão, Sapienza acha que o importante a se considerar numa relação analista/analisando é a sua fertilidade. Sapienza compara a dupla a um casal: "Se você toma um modelo analítico e fica anos com um paciente, é um casamento. Quanto tempo dura um casamento? Possivelmente, se a gente levar em conta as nuances e o tipo de vínculo, será um vínculo prevalentemente simbiótico, parasitário ou comensal. Dependendo do tipo de vínculo, você pode correlacionar isso à situação de análise: que uso está sendo feito da análise, por uma das pessoas, ou pelas duas pessoas?"

Sapienza enfatiza a questão da parceria que se estabelece entre analista e analisando e destaca que a resistência para lidar com o novo, o desconhecido, o conhecimento que desestabiliza e provoca turbulência emocional, não é só de um ou de outro, pode ser de ambos. O critério para avaliar se uma análise está sendo eficaz pode residir na resposta à seguinte questão: esta análise está promovendo descobertas?

Investigação, descobertas, expansão do mundo mental — expressões que nos remetem aos textos de Bion, sim, e que são empregadas tanto por Nosek, quanto por Ferrão e Sapienza, para caracterizarem uma situação analítica em que a dupla analista/analisando se mantém fértil, viva e produtiva.

Reportando-se ao conceito bioniano de vínculo simbiótico e aplicando-o à relação analítica, Sapienza comenta ainda: "a união é muito intensa; a relação é uma relação de paixão. Há muito confronto, mas prevalece no confronto o proveito para as duas partes. Há uma forte interação na área de amor, conhecimento, agressividade. Há muita vida".

Enquanto a parceria tiver vitalidade, para estes três analistas, a relação se mantém.

Utilizando um modelo diferente, o da relação mãe-bebê, e remetendo-se ao trabalho de observação desta dupla em particular, Lygia Alcântara do Amaral ressalta que "a boa mãe é aquela que, ao sofrer momentos de separação do seu bebê, o ajuda e respeita seus movimentos de emancipação, de separação." "Fim de análise", do seu ponto de vista e na sua experiência, "constitui-se de movimentos que denotam crescente segurança em ambos os parceiros, cuja caminhada, empreendida há bastante tempo, foi revelando cada vez mais a importância da autointrospecção, levando à autonomia do indivíduo". Se estes podem ser critérios relevantes para se avaliar a indicação do término dos encontros regulares entre analista e analisando, Lygia adverte, cautelosamente, que o processo não tem fim.

E declara: "ao aproximar-se o fim de análise, o paciente vai percebendo quanta coisa ainda tem para descobrir — e sempre terá — para trabalhar com o analista ou sem ele." A angústia de separação que emerge ao final da situação de análise seria "uma importante questão a ser trabalhada" pelo par.

8.

Casos clínicos

Caso A — *término clássico*

Aurora não trouxe uma queixa específica, queria se conhecer melhor. Dentista de profissão, não tinha muita ideia do que fosse uma análise, o que a assustava um pouco. Quando me telefonou para marcar uma entrevista, logo quis obter várias informações, por telefone mesmo. Disse-lhe que seria melhor se pudéssemos conversar pessoalmente. Aurora havia descoberto há pouco tempo que seu irmão, dois anos mais velho do que ela, era adotado. Foi tomada por grande apreensão e creio que este foi o verdadeiro motivo de ter procurado análise. O irmão não sabe até hoje que é adotado e Aurora nunca contou sua descoberta para a mãe. Dizia sentir muita raiva do irmão; que ele abusava dos pais e perturbava toda a família.

No início da análise Aurora se mostrava bastante angustiada, e sua fala foi muito repetitiva durante um bom tempo, sempre permeada de muitas queixas e reclamações, como no exemplo seguinte:

"Passei tão mal. Estou angustiada, deprimida, não sei o que é. Pensei várias coisas, alguns pacientes foram embora bem na hora que eu mais precisava e você não estava aqui. Eu sei que é ridículo. Tenho até vergonha de falar isso, pareço criança, mas fiquei com uma puta raiva de você ter saído quinze dias. Estou tão insegura, não sei de mais nada. Quando eu me sinto assim, me lembro de quando eu era criança: vivia agarrada na saia da minha mãe, não deixava ela nem ir ao banheiro; quando ela ia tomar banho, eu ficava do lado de fora. Essa é a imagem que eu tenho da minha infância: apavorada, sempre grudada na minha mãe. Eu me sinto totalmente perdida. Eu era muito mais segura com meus pacientes".

Passado um ano, já se notam algumas modificações em Aurora. Parece-me um pouco mais em contato com a realidade. No fragmento de sessão que relato a seguir, acredito que fica evidente o que estou querendo dizer. Entrou contente, dizendo que uma paciente nova telefonou e outra retornou:

"Não quero mais vir com assuntos preparados; dá para falar de outras coisas que aparecem na hora".

Falou como se sentia melhor por não estar mais tão ansiosa, por poder esperar, por não precisar ter gratificação imediata. Contou um sonho:

"Você estava com cabelo curto e me dizia: 'Não vou mais poder fazer esse preço'. Fiquei muito angustiada, porque aqui ia acabar e não dava para fazer mais nada; tudo o que eu podia fazer para ganhar mais dinheiro, já tinha feito, e você colocou isto como um assunto pronto. Me voltou de novo o medo de que você pode me mandar embora se eu não pagar mais. Não é só aqui que eu tenho esse sentimento. Se o P. (marido) atrasa para chegar em casa, eu já fico achando que ele pode estar me traindo. Eu gostaria de ter certeza das coisas, mas, ao mesmo tempo, eu sei que isso não existe. Fico tão angustiada quando vejo que nada é certo..."

Na sua ideia é o marido que a sustenta e sem ele não pode sobreviver; quando existem fatos que mostram o contrário: ela paga a maioria das contas, a análise, etc. Mas não leva em consideração a realidade. Aumentava sempre o preço das sessões sem que eu pedisse, transmitindo-me a ideia de sentir-se sempre culpada. Como havia começado a análise pagando-me honorários inferiores aos que eu praticava na ocasião, parecia viver esta situação como ameaçadora. Sinto que gostaria que lhe dissesse alguma coisa que a aliviasse. Aurora já renunciou à ideia de que eu lhe daria sugestões. Passou a perceber que eu não fazia isso mas, às vezes, ainda falava:

"Então o que adianta vir aqui, se nada muda?"

Durante muito tempo, o principal tema das sessões era sua desconfiança de que também fora adotada, apesar de ela própria ter verificado a veracidade de seus documentos, inclusive consultando o mesmo advogado que tinha mediado o processo de adoção do irmão. Sua angústia persecutória era muito grande, utilizando o modelo de ser adotiva para não crescer; não conseguia sair desse teatro familiar em que, segundo a minha percepção, todos atuavam: todos sabiam da adoção, só que ninguém falava sobre isso. Viviam num mundo de mentira.

Aurora continuava a valer-se desse modelo, em vez de verificar quem era ela e poder tornar-se independente da farsa familiar.

Ficou grávida dois anos depois de iniciar a análise. Passou uma gravidez tranquila, a não ser por uma ansiedade excessiva quanto à saúde do bebê. Teve parto normal, uma menina. Senti a gravidez de Aurora como um fruto de nosso trabalho, pois já estava casada há dez anos e nunca tinha tido coragem de engravidar. Parou a análise três meses durante esse período. Logo que a criança nasceu, telefonou-me avisando. Assim que se sentiu mais livre para sair, retomamos a análise. Ela mesma cuidava da filha desde que ela nasceu, amamentando-a até os seis meses. Havia sublocado uma sala num consultório e recomeçado a trabalhar. Desde que a vi depois do parto, não me pareceu muito entusiasmada com a filha. Reclamava muito, o marido não ajudava e o serviço de casa havia dobrado com a chegada da menina. Sua maior queixa era de não ter nunca nenhum minuto para si.

Essa sessão, cinco anos depois, representou um *turning point* (virada) na análise de Aurora. Acredito que, depois dessa experiência, o nível de nosso trabalho mudou. Às vezes, é preciso esperar muito tempo para se ter uma oportunidade única, como a que irei descrever, que promova um desenvolvimento mental.

A maçaneta da minha porta estava quebrada e, cada vez que entrava um paciente, caía no chão. Nas cinco primeiras vezes, eu me abaixava, pegava a maçaneta e a recolocava no lugar. Quando Aurora passou, aconteceu a mesma coisa: a maçaneta despencou. Qual não foi a minha surpresa, quando ela abriu sua bolsa e tirou um *kit* de ferramentas, pegou uma delas e consertou a maçaneta. Uma de suas grandes queixas, desde que começou a análise, era de que todos abusavam dela. O marido era um "folgado", não a ajudava nos afazeres domésticos – ela tinha de fazer tudo sozinha com a filha, mesmo trabalhando durante todo o dia –; sua mãe também lhe exigia atenção incessantemente, em vez de solicitar ao irmão, e assim por diante. Depois do ocorrido com a maçaneta, ficou claro para mim o seu modo de agir fora da análise. Como o exemplo da maçaneta foi uma experiência ocorrida entre nós duas, ficou mais clara sua postura e pudemos conversar com mais tranquilidade sobre esse assunto; Aurora pôde me escutar e não rebater, como fazia sempre, dizendo que eu não a entendia e que as pessoas eram do jeito que ela descrevia, abusivas. Ela se oferece e depois não aguenta, é uma falsa generosidade. Oferece ajuda por culpa, e cria uma situação que a "autoriza" a reclamar. Aurora reclamava de tudo, exatamente como ela mesmo contava que a mãe fazia, não se dando conta de que agia da mesma maneira. Repetia o modelo da mãe, sem perceber. Foi longa a minha espera por essa oportunidade, que considero rara, que me permitiu mostrar-lhe como ela mesma criava situações que favoreciam que os outros pedissem sua ajuda, ou até mesmo os induzia a fazê-lo. "Se eu tiver qualquer coisa quebrada depois de ter essa experiência com você, para quem acha que eu vou pedir ajuda?" O que podemos pensar é sobre essa sua necessidade de se mostrar disponível, para depois reclamar. É como se Aurora deixasse o outro constantemente em débito para com ela e não se desse conta de como ela colaborava para que as pessoas a solicitassem continuamente. Após essa sessão, uma grande mudança se operou na qualidade do nosso trabalho.

Dois anos depois ficou grávida novamente, desta vez sem planejar. Teve muitas dúvidas sobre se abortava ou não. Esse assunto tomou conta de várias sessões, angustiando-a terrivelmente; mas percebeu que era uma decisão que só ela podia tomar. A situação financeira do marido havia melhorado bastante, haviam comprado uma casa, "um sonho que foi realizado", como disse. Outro tema recorrente dessa época era sua dificuldade em poder usufruir o bom. Era muito difícil para Aurora aproveitar uma situação boa sem sentir-se culpada em relação à sua família, que estava numa situação difícil. Além de, aparentemente, Aurora respeitar um "compromisso de lealdade" para com a origem humilde de sua família, parecia não poder usufruir de nenhum outro privilégio além do de ser filha legítima. Cheguei a comentar com Aurora, numa determinada ocasião, sobre o peso que representava para ela, além disso, ter vencido na vida e ter um filho saudável. A relação que mantinha com seu irmão era sobrecarregada por todos esses aspectos conflitivos. Esse irmão sempre lhe causara problemas, desde usar drogas na adolescência até aplicar "golpes" financeiros no pai. Seu comportamento era francamente delinquencial. Não era à toa que Aurora comentava: "Até esse bebê que estou esperando, fica difícil curtir". Sentia-se cobrada pela família e essa situação lhe causava grande desconforto. Tinha um medo muito grande da inveja do outro, dando-me a impressão de que não conseguia aceitar seu próprio desenvolvimento. Dizia que tudo o que era, ou o que conseguia fazer, devia a mim. Respondi-lhe que não trabalhava sozinha, que éramos uma dupla e trabalhávamos juntas, que esse crescimento contava certamente com a sua participação. Suas queixas pareciam-me um modo de negar que sua dívida real não era financeira mas, sim, devida ao fato de que era filha legítima, e essa dívida era impagável. Essa observação que fiz causou-lhe grande impacto, e foi outro *turning point* (virada) em nosso trabalho. Após essa sessão, a análise passou a fluir melhor. Estava trabalhando com muito mais facilidade, tinha alugado um consultório com dois amigos dentistas, conseguiu formar uma clínica; já não havia tanta rotatividade de pacientes.

Na última sessão antes da interrupção devida ao nascimento do bebê, entrou, deu-me o cheque, parecendo um pouco aflita. Deitou-se e ficou um pouco em silêncio:

"Nem sei o que dizer, é difícil, não sei quando vou voltar aqui, tenho tanta coisa que gostaria de falar, mas não sei o quê".

Ao que respondi: "Parece que as situações ficam rígidas... Você pode vir aqui antes do parto, se quiser, mesmo sem ter um horário marcado".

Pareceu-me que Aurora ficou aliviada: "Que bom! Não tinha pensado nessa possibilidade... como as coisas ficam rígidas para mim! Nem sei se vai dar, porque cada vez está mais difícil de eu guiar, a barriga já está batendo na direção e eu tenho receio de dar alguma brecada forte e me machucar mas, só de saber que eu posso vir, fico mais calma."

Pareceu-me que Aurora não podia usufruir livremente do espaço que tinha junto a mim, assim como me parecia ocorrer em sua relação com seu marido. Aproveitei a oportunidade e comuniquei-lhe o que havia pensado. Penso que os maiores ganhos de uma análise se dão quando o analisando, através da transferência, se percebe repetindo padrões que mantém com outras pessoas que não o analista. O insight se enriquece e se amplia.

Voltou à análise depois de ter o bebê. Telefonou-me e marcamos um horário. Teve outra menina, de parto normal; amamentou durante três meses, voltou a trabalhar, pareceu-me menos culpada por poder aproveitar a situação financeira em que se encontrava e até falar sobre isso.

No dia que fazia sete anos que Aurora estava em análise, lembrou-se emocionada. Tive a sensação de haver uma cobrança subjacente, pois, em seguida, reclamou que poderia estar melhor: "Afinal, faz sete anos que venho aqui!" Este exemplo me parece emblemático do funcionamento mental de Aurora. Logo após expressar sua alegria por sentir que havia algo de bom a ser festejado, Aurora desfaz o clima de comemoração, introduzindo em sua fala uma queixa, uma reclamação.

Às vezes acho que Aurora fica muito no relato do dia a dia, porém tenho notado alguns progressos no sentido de maior percepção de seu mundo mental. Quando Aurora se sentia muito angustiada, regredia e projetava tudo fora, estragando suas relações. Era muito fácil escorregar para o velho e conhecido papel de vítima. Quando se deparava com alguma situação de frustração (como, por exemplo: perder um paciente, o marido chegar depois do horário por ela estabelecido), arrumava logo uma briga com quem estivesse mais perto, ora a empregada, ora a mãe, ora os filhos. Pudemos conversar melhor sobre isso e ela pôde escutar sem rebater; acho que das outras vezes ainda não era possível, não sei se era eu que não percebia ou era ela que ainda não tinha condições de me ouvir. Ficava com uma raiva embutida, da análise, de mim. Outro tema recorrente: Aurora acreditava que não podia desenvolver-se mais que o marido e, quando isso parecia iminente, ficava apavorada. Ao mesmo tempo, tinha muita inveja do sucesso dele. Não é uma mulher com características medrosas ou submissas; quando chegava tarde em casa, depois do marido, ele ficava muito "bravo". Em consequência, Aurora era tomada de um ódio enorme; não era medo dele, era raiva da diferença, pois ele podia chegar na hora que bem quisesse, e ela não. Essa diferença de valores para um e para outro era, para ela, insuportável. A figura paterna de Aurora nunca a amedrontava. Ao contrário: quando falava de seu pai, era com certo desprezo. Com a análise, começou a vê-lo de outro modo, valorizando-o muito mais, e ele passou a ser a pessoa da família com quem Aurora melhor se dava. Após o nascimento dos filhos, o pai foi-lhe de uma grande ajuda. Como sua mãe não podia ajudá-la, pois ainda trabalhava, ele, sendo aposentado, tomava conta das crianças quando Aurora voltou a trabalhar, fazia a feira para ela, ia ao supermercado, e assim por diante; em suma, agia como uma verdadeira mãe. A figura materna tinha sido até então, na fantasia de Aurora, alguém muito mais presente, a quem no entanto ela jamais conseguira agradar, por mais que tentasse fazê-lo. Nos aniversários da mãe, Aurora se atormentava tentando imaginar o que comprar para ela, mas nunca conseguiu dar-lhe alguma coisa que a mãe aceitasse de bom grado. Pior do que isso, além de sutilmente pôr defeitos nos presentes que ganhava da filha, ainda lhe pedia que os trocasse.

Aurora ainda tinha um sentimento muito dividido: por um lado ficava contente porque agora podia ter uma qualidade de vida emocional melhor; por outro lado, tinha medo da inveja alheia. Às vezes, comigo, eu observava também esse sentimento ambíguo: de um lado, uma grande admiração, e de outro, uma grande inveja, fantasiando que eu estava sempre bem, enquanto ela sofria com tantas oscilações. Observava o meu consultório, sempre com pacientes, antes e depois dela, e queixava-se de que não era tão bem-sucedida. Sentia-se humilhada por não poder pagar o preço que ela imaginava que eu cobrasse de outros pacientes.

Algum tempo depois começou a questionar-se sobre até quando iria fazer análise. Conseguiu melhorar sua vida doméstica e ter mais tempo para si, contrariando o marido – o que interpretei como sinais de desenvolvimento e da possibilidade de ela seguir seu caminho. Cinco meses depois, eu estava pensando em propor-lhe dar a análise por terminada, quando ela mesma trouxe o assunto. Combinamos diminuir para duas sessões semanais, e marcamos o término para dali a seis meses.

Ao aproximar-se a data prevista, Aurora mostrou-se muito angustiada. Ao mesmo tempo em que desejava o término, achava que eu a estava abandonando. Propus-lhe, então, continuarmos por mais algum tempo. Aurora respondeu que achava melhor não continuar, porque a separação sempre seria difícil. Percebeu que, para tomar essa decisão tão importante, teria de tolerar o sentimento de ambivalência. Caso contrário, ficaria paralisada.

Na última sessão, Aurora chegou com flores e um presente. Estava emocionada, e eu também. Chorou durante quase toda a sessão, percebendo como a separação era triste, depois de uma relação tão longa e boa. Agradeceu-me por tudo o que fizemos juntas. Disse-me: "Durante esses dez anos, eu tive meus dois filhos e a minha mãe morreu. Acho que foram os acontecimentos mais importantes da minha vida; e você estava comigo, me acompanhando".

Um ano depois, Aurora telefonou-me e marcamos um horário para ela vir conversar. Estava emocionada, disse que, depois que me telefonou, deu-se conta de que era o dia de aniversário da morte de sua mãe (que havia falecido um ano antes de terminarmos a análise); que sentia bastante falta de conversar comigo, mas que estava bem; contou dos filhos, do marido, de como o irmão não a incomodava mais.

Telefona todos os anos na data em que começamos a análise, a qual considera o "nosso aniversário". Há dois anos telefonou perto do Natal e marcamos um horário para ela vir conversar. Parecia bem, emocionada em me ver; falou sobre como estava sua vida, seus filhos, seu trabalho, e sobre seu relacionamento com o marido. Disse que sentia falta da análise, mas que estava conseguindo lidar com suas emoções e suas angústias de um modo que considerava satisfatório.

Considerações

Considero este um caso "clássico com término": o tempo foi adequado, nem muito longo, nem muito curto. Aurora conquistou seu lugar dentro da família, com muita luta. Ao nascer, já tinha um irmão mais velho dois anos, adotado, e que sempre, segundo seu ponto de vista, a atrapalhou muito. Seus pais nunca contaram a ninguém sobre a adoção, Aurora descobriu por acaso, quando tinha dezoito anos e foi pegar uns documentos para fazer a carteira de identidade. Nunca falou para os pais sobre essa descoberta. Essa irmão, hoje com 50 anos, ainda "não sabe" (coloquei aspas porque nós duas, Aurora e eu, acreditamos que ele desconfie que é adotado). Aurora conquistou seu lugar sendo muito independente, não dando trabalho para a mãe, sendo ótima aluna, trabalhando desde cedo; em resumo, sendo o oposto do irmão.

A frequência de sessões também foi importante: começamos com duas sessões semanais, depois de seis meses passamos para três e assim continuamos por oito anos; nos últimos seis meses diminuímos para duas sessões semanais, e assim foi até o final. Acredito que seus traumas infantis foram elaborados;

o problema do irmão adotado foi motivo de muito sofrimento para ela, inclusive quando desconfiou, por um tempo, que também era. Segundo meu ponto de vista, não contou com uma boa maternagem; sempre teve uma relação muito difícil com a mãe, segundo ela, fria, muito dura, e parecendo-lhe uma pessoa insaciável. Penso que a análise ajudou-a a aceitar melhor essa mãe, com suas limitações, e a diminuir seu ressentimento pelo que dela não recebeu. A relação com o pai evoluiu muito: no início da análise Aurora quase não o mencionava e, quando eventualmente o fazia, apresentava-o como uma figura fraca e denegrida. A análise favoreceu uma reparação deste pai, que passou a ser reconhecido como alguém significativo em sua vida. Emergiram lembranças remotas ligadas ao pai, que possibilitaram a Aurora fazer uma reavaliação mais acurada de sua pessoa. Acredito que a análise lhe fez muito bem. Aurora tornou-se uma pessoa mais segura, mais alegre, e aprendeu a lidar com a mãe e com o irmão de um jeito mais satisfatório. Realizou-se como mãe, teve dois filhos durante o período da análise, e parece ser uma boa mãe. É realizada sexualmente, parece ter um bom casamento e segue um pouco o modelo de sua mãe, no sentido de ser a pessoa mais forte de sua família. É realizada como a profissional liberal que é, embora o começo tenha sido muito difícil, em função da sua insegurança. Acredito que possa ter uma vida com boa qualidade emocional, pois introjetou um bom objeto analítico.

Lembrando as palavras de Johan Shubert: "Durante o processo analítico, as expectativas irrealistas são expostas e tem-se de abrir mão das falsas ilusões sobre a vida. Isso tem o significado de perdas, que geram desapontamento e luto prolongado. Um critério para o término da análise é o paciente ser capaz de suportar sentimentos depressivos e suportar desapontamentos."

Em termos de organização do pensamento, acredito que Aurora tenha desenvolvido um pensamento simbólico e uma capacidade de revêrie, o que, penso, foi de fundamental importância para seu êxito profissional. Do ponto de seu principal mecanismo de defesa, acredito que a cisão foi substituída, em grande parte, pelo recalcamento. Considerando suas relações de objeto, acredito que hoje sejam prevalentemente relações de objeto total. Acredito que Aurora funcione hoje, na maior parte do tempo, num padrão característico da posição depressiva.

Na medida do possível, penso que estas condições foram atingidas por Aurora. Creio que ao considerar seu caso um caso "clássico com término", estou levando em conta e respeitando as características de sua personalidade e os limites de seu processo analítico. Penso que Aurora optou por não prosseguir o trabalho, o que implicaria em manifestar interesse por manter o que estou chamando de "conversas analíticas".

Caso B — *término clássico previsível*

Beatriz iniciou sua análise em 10 de agosto de 1984. Estava grávida de três meses, tinha 32 anos, e é a décima filha de uma família de quatorze irmãos. Trabalhava como assistente social.

Vinha de uma terapia de casal; o motivo que os tinha levado a procurar essa terapia era insatisfação sexual: ela não conseguia ter orgasmo. Ficaram alguns meses e a analista aconselhou-os a procurar atendimento individual; o problema não era só sexual, era consequência dos muitos problemas e conflitos pessoais de cada um. Começamos com quatro sessões semanais, depois de quatorze anos mudamos para três vezes e depois de dois anos, para duas sessões semanais.

Tenho o hábito de fazer anotações de todas as sessões. Quando comecei a pensar sobre se não seria hora de dar-lhe alta (assunto de que ela não gosta de falar, pois não tem nenhuma vontade de parar), fiz um levantamento do número de sessões que ela frequentara durante esses dezoito anos: duas mil trezentos e noventa e seis sessões (descontadas as cento e noventa e uma falta). Em outras palavras, se ela tivesse sessões diárias, todos os dias da semana, seriam sete anos ininterruptos!

Beatriz era uma pessoa com muita dificuldade de se expressar: demorava para falar, falava baixo, mas, desde o início, percebi que era muito atenta ao que eu falava. É muito responsável, muito tímida, e respeitosa com as coisas do consultório. Por exemplo: quando ia ao banheiro antes ou depois das sessões, pedia licença; hoje, depois de tantos anos, já não pede mais, mas ainda me comunica que foi ou que vai usar o banheiro. Tenho um telefone na sala de espera; as raras vezes em que o usou, pediu licença para fazê-lo. O meu consultório é numa rua sem saída e o dentista dela é perto; toda vez que vai ao dentista, me pergunta se pode deixar o carro parado na rua mais uma hora, o tempo que ela vai demorar para voltar. É uma analisanda que não "incomoda"; paga pontualmente, não pede troca de horários, falta raramente às sessões, não continua falando depois que eu aviso que o horário já terminou — em resumo, não "atua" dentro do consultório, nem na sala de atendimento e nem na de espera.

Selecionei fragmentos de sessões que me pareceram significativos ao longo deste processo analítico que, agora, já se estende por dezoito anos e passo a apresentá-los a seguir.

Depois de um mês e meio de começada a análise, chega atrasada a uma sessão e permanece em silêncio durante oito minutos.

Pergunto se posso ajudá-la, ao que ela me responde:

"Fico pensando... (fala com dificuldade), está tão difícil na minha cabeça. Tem coisas que eu quero mudar, mas não consigo. Não sei se jogo fora... mas foram tão significativas em certa época para mim, não consigo mudá-las nem de lugar, depois me sinto meio perdida. Se eu tiro, o que vou pôr? Vai ficar vazio? Tem coisas emprestadas que eu deveria devolver, mas também já fazem parte da casa, eu acho que preciso aprender a mexer com essas coisas".

Intervenho, dizendo: "Parece que tem alguma semelhança com o que ocorre aqui, se colocarmos o que você fala num nível mental. Você fica aflita com situações que quer mudar, nas quais você não quer pensar, mas nas quais está pensando agora; e tem medo de jogá-las fora, pois fazem parte de você, da sua vida. Essas coisas emprestadas podem ser ideias emprestadas que você começa a questionar se são suas ou não".

Beatriz concorda e acrescenta: "É, fica tão difícil. Tem coisas, por exemplo, que eu olho e fico com muita raiva, que dá para perceber como era a relação que eu tinha com o F. (marido). Me lembra uma época que eu detesto. Parece que não fazia nada o que queria, entrava sempre na dele".

Digo-lhe que talvez agora possa discriminar o que é realmente importante do que não é importante para ela.

Beatriz reflete sobre o que digo e responde: "Nem sei o que eu quero fazer. Fico tão perdida na minha casa" (põe a mão na barriga e fica mexendo — está grávida).

Assinalo que me parece ser-lhe difícil arrumar espaço para esse bebê que vai nascer, assim como para as ideias novas sobre as quais temos conversado aqui.

Beatriz prossegue: "É, eu não sei ainda onde vou pôr o bebê; de repente mudou tudo. A casa, para mim, era uma passagem (Beatriz se refere ao fato de que saía de manhã para o trabalho e voltava à noite, fazendo da casa uma pensão). Agora vou ter que mexer em tudo. Eu gosto, mas ao mesmo tempo me sinto mal".

Nesta sessão chamou-me especialmente a atenção o fato de que justamente quando eu tentava discriminar junto com ela o que era dela e o que não era, o que era prioridade e o que não era, abrindo para ela um espaço de reconhecimento de seu próprio eu, como faria uma mãe em relação a uma criança pequena, a analisanda pareceu angustiar-se. Ao colocar a mão sobre a barriga grávida, parece lembrar de que ela própria também precisará abrir espaço para o bebê que está para chegar. É como se o nascimento psicológico de Beatriz coincidisse com a iminência do nascimento de sua filha.

Menos de um mês depois desta sessão, surge um material onírico revelador de como Beatriz se sente frente à perspectiva de tornar-se mãe:

"Tive um sonho que me fez me sentir muito mal. Eu tinha feito um acordo com o meu médico de dar o meu bebê assim que ele nascesse e de ganhar outro depois. Só que o outro nasceu antes, e eu fui visitá-lo. Era um lugar horrível, imundo, cheio de pessoas sujas. O bebê estava jogado num canto, largado... Me senti tão mal! Não tinha mãe para dar de mamar. Aí inventei um canudo comprido para ele, porque achei que não ia gostar do meu peito, mas ele só gostava de mamadeira. Fiquei muito brava e falei que eu não ia trocar coisa nenhuma, que o meu bebê era meu, não queria o outro. Mas fiquei muito mal. Eu queria saber o significado de tudo isso".

Acredito que este sonho evidencie a ambivalência de Beatriz frente a esse bebê: seu temor de rejeitá-lo e de por ele ser rejeitada, não se vendo e se sentindo reconhecida como mãe. Talvez a proximidade do bebê fizesse aflorar em Beatriz a sua própria vivência enquanto tal. O bebê do sonho "não tinha mãe que lhe desse de mamar", assim como a analisanda que só mamara um mês, tendo sido cuidada, depois, quase que exclusivamente pela irmã mais velha. Lembrei imediatamente que ela era a décima filha de uma prole de quatorze. Lembrei-me também de comentários já feitos por Beatriz sobre como se sentia desrespeitada, ora pela empregada, que flagrou usando os seus sapatos, ora pela irmã, que lhe cedera roupinhas de seus próprios filhos, o que foi vivido por Beatriz como um desaforo. Esse tipo de vivência ameaçava estender-se a seu filho: era como se este não lhe pudesse pertencer. Minha intervenção abordou estes aspectos.

Quatro meses depois, Beatriz teve uma filha, por parto cesárea, o que ocorreu durante as minhas férias. Telefonou-me assim que eu voltei. Ficou muito decepcionada com o fato de o parto não ter sido natural. Passou muito tempo culpando--se. Achava que se tivesse feito mais força, teria conseguido, mas na hora estava muito nervosa. Viveu um período muito difícil após o nascimento da filha. Sentia-se abandonada pelo marido, que quase não aparecia em casa, e insistia muito para que ela retornasse ao seu emprego. Mas Beatriz preferiu dedicar-se totalmente à criança, e amamentou-a durante um ano. Sua mãe foi morar com ela para ajudá-la, o que foi muito bom para Beatriz, pois até então elas haviam tido um péssimo relacionamento. Durante esse período, ela pôde recuperar sua mãe, reparando-a enquanto objeto interno e externo, ao mesmo tempo em que ia desenvolvendo e desempenhando sua função materna: de cuidar, de conter, de preocupar-se. Reconhecia que estava às voltas com um aprendizado e que sua filha a ajudava neste processo:

"Eu deixei minha filha pegar a colher para comer sozinha e percebi que ela queria me ajudar. Tentou pegar a comida do prato e pôr na boca. Depois ela pegou a colher e começou a bater na cadeira. Ficou encantada com o som. Aí pegava o garfo e também batia. Percebi como sou rígida; na minha ideia ela iria se machucar".

Na verdade, este aprendizado se fazia também comigo: muitas vezes eu percebia que Beatriz retomava conversas que havíamos tido em sessões anteriores, das quais tirava modelos — como se fossem prescrições expressas minhas — e seguia-os. Sentia-me totalmente sem ação com sua atitude. Era como se ela permanecesse comigo o tempo todo. A rigidez da qual ela se queixava expressava, na minha maneira de ver, a sua falta de espontaneidade, sua dificuldade de mover-se à vontade nessa nova situação. Essa mesma rigidez levava-a a transformar, numa recomendação estrita, qualquer comentário que eu eventualmente fizesse sobre seu comportamento para com a sua filha. O papel de mãe lhe parecia pouco familiar e sua atitude sugeria que Beatriz tentava aprender comigo.

Dois anos depois de iniciada a análise, teve lugar uma sessão em que Beatriz, pela primeira vez, pareceu ter se dado conta da minha presença como pessoa separada dela e com quem ela partilhava sua intimidade:

"Fiquei pensando sobre nós duas e sobre o que é essa relação. Você é analista e eu, paciente. O motivo pelo qual estamos aqui é esse. Você tem conhecimentos que eu não tenho. Você sempre fala que aqui é o meu espaço, mas aí eu pensei: é o seu espaço também. Aqui eu não estou sozinha".

Às vezes, no entanto Beatriz ainda me assusta com o que diz. Por um lado, é uma pessoa que tem muito bom senso, fala sobre alguns assuntos quase que filosoficamente, revelando por vezes uma sabedoria de vida de pessoas do interior muito interessante; por outro lado, em certas ocasiões, parece se alienar da realidade, não aceitando roupas da sobrinha que a irmã do marido lhe dá, dizendo-me: "ela pensa que eu sou idiota, quer que a minha filha fique igual à dela. Como é que eu vou pôr uma roupa na minha filha que não é dela? Aí vou confundir, quando olhar a C. (filha), vou achar que é a outra". Ficava muito ofendida com a cunhada, não conseguia entender seu gesto como expressão de generosidade.

É como se Beatriz tivesse um sentido tão precário de identidade, que qualquer alteração no ambiente físico ou na aparência a ameaçasse: quem era ela própria, que posição ocupava no seio da família, quem era, aos seus próprios olhos e aos olhos dos demais? E sua filha? Faltava a Beatriz estabelecer um sentimento de que ela permanecia ela mesma a despeito desses aspectos, sensorialmente apreensíveis, que pareciam sugerir o contrário.

Beatriz não sabia como agir em situações novas, perguntava para a mãe-analista — não pensava, não observava, não se permitia ter ideias próprias. O mundo perseguidor tornava necessário uma mãe-analista idealizada que dele a pudesse proteger. Se o marido pedisse que ela fizesse o imposto de renda, isto, para Beatriz, se transformava em uma ordem. Beatriz retraía-se, ia para cama, dormia e sonhava comigo. Quando a realidade lhe era hostil, Beatriz regredia àquela tenra idade, na qual não tinha o desconforto de não saber, porque perguntava tudo. Na infância, isso é normal. O problema aparece quando esse estado permanece e a pessoa não se desenvolve. O analista tem de ter paciência, e esperar que o analisando adquira condições para desenvolver-se e poder escutar.

Uma das condições a que me refiro é a de discriminação entre o eu e o não eu, o desenvolvimento de uma espécie de pele psíquica que garanta ao eu uma não permeabilidade frente ao mundo. A vinheta clínica que passo a transcrever pode ser ilustrativa neste sentido.

Ao entrar, percebo que Beatriz repara na tiara que uso; sorri, deita-se e, após uns minutos de silêncio, diz:

"Fico pensando que tenho medo de que os outros descubram o que estou pensando quando me vêm umas coisas na cabeça sem eu querer. Quando eu percebo isso, disfarço para ninguém perceber o que estou pensando, como eu sou".

Aponto-lhe o que eu observei no momento de sua chegada e questiono-a a respeito.

Em resposta, Beatriz confirma a minha percepção e esclarece ter reparado na tiara que eu estava usando: "É, é uma tiara com um lacinho".

Peço-lhe associações e Beatriz me diz:

"Me parece uma tiara de criança. A gente não escolhe o que põe à toa, pode não perceber na hora mas depois, se pensa, sempre tem algo a ver. Criança pequena é muito livre para escolher o que quer".

Acredito que Beatriz só pôde se exprimir livremente, porque eu a convidei a fazê-lo. Embora fosse uma boa observadora e suas observações lhe suscitassem fantasias, temia expressar sua opinião. Escondia o que lhe vinha à cabeça, porque tinha medo do poder que projetava no outro: o de ler seus pensamentos.

Sua espontaneidade começou a se manifestar muito tempo depois de iniciada a análise (quatro anos), ainda assim, de forma relutante:

"Fico aqui pensando uma porção de coisas e falo para mim mesma: não vou falar disso, não estou com vontade. Aí penso em outra; também não quero falar disso. Acho que não estava com vontade de vir aqui hoje; é um sentimento novo. Hoje está muito difícil, não sei do que falar".

Essa situação me pareceu significativa porque, pela primeira vez, Beatriz se atreveu a expressar um sentimento sem temor de ser perseguida por estar transgredindo uma lei imaginária, instaurada na sua mente sabe-se lá há quanto tempo. Aventurava-se a existir e a contrariar o "estabelecido".

Disse-lhe: "Mas você já está falando do que está sentindo, percebendo mudanças em seu estado emocional; não é sempre que você está igual, talvez seja disso que você queira conversar comigo. Hoje você está podendo falar do que está sentindo na hora".

Em outras situações já havia percebido que Beatriz experimentava certos sentimentos, mas esforçava-se por conter-se e só os exteriorizava algum tempo depois.

Continuou, dizendo: "Hoje deixei a C. (filha) com minha irmã, mas estou menos aflita, ficou uma situação mais calma, mais tranquila do que no outro dia. Eu sempre achei que falar sobre a aflição na hora em que eu estou sentindo parecia que ia fazer essa aflição muito maior, tomar conta de mim. Quando vou ficar menstruada tem toda uma preparação do meu corpo, eu me sinto mal, enjoada, deprimida. Será que com a mente não é igual?"

Beatriz não está mais tão dissociada, não precisa estar sempre bem-disposta, e o fato de sentir-se aceita por mim, permite-lhe aceitar-se mais do jeito que é. Beatriz percebeu isso e até pôde dizer que não queria vir. Chama a minha atenção como ainda é difícil para ela expressar seus sentimentos: recorre a modelos fisiológicos para falar de seu mundo mental.

Parecia-me que Beatriz evoluía no processo de sua individuação; entretanto, numa ocasião, vivi com ela uma experiência surpreendente, que me fez repensar esta questão.

Fui chamá-la na sala de espera e, quando a vi subir a escada, me assustei, porque *me vi*. Até então eu não havia reparado o quanto ela estava parecida comigo: comprimento do cabelo, maneira de se vestir, de andar etc. Depois da observação deste fato, fiquei mais atenta e percebi que ela, às vezes, parecia-me que sem pensar, repetia, absolutamente sem modificá-la, alguma frase que eu acabara de dizer. Quando eu apontava esse fato, ela dizia não ter se dado conta. Na mesma época, outra analisanda, ao cruzar com ela, que saía do consultório, entrou e me disse: "Tomei um susto. Pensei que fosse você que estivesse saindo!"

A identificação de Beatriz comigo analista-mulher-mãe seria de fato uma identificação ou antes uma imitação? Lembrei-me da minha infância quando, aproveitando a ausência da minha mãe, usava suas roupas para brincar de ser adulta. O meu susto deveu-se ao fato de que Beatriz não estava brincando e, nem eu nem ela havíamos nos dado conta do quanto ela estava se tornando parecida comigo — a ponto disto ter podido ser percebido por uma outra pessoa. Acredito que uma das principais funções da análise, para esta analisanda, foi apresentá-la a si mesma. Primeiro, Beatriz precisou espelhar-se completamente na analista, vivendo um estado quase fusional com a mesma para, depois, inspirada neste modelo, descobrir-se a si mesma. Este processo está ligado às teorias da introjeção e da identificação, além da questão da imitação. À parte o risco de uma simples imitação e de a analisanda tornar-se uma cópia da analista, pode-se iniciar uma verdadeira transformação.

Se isto é possível, a analisanda evolui, incorporando novos valores, assimilando novos elementos, transformando-os. Não sendo possível a transformação, a analisanda apenas repete, imita, sem assimilar os valores imitados. Na verdade, toda criação é imitação transformada, porque ninguém é Deus, ninguém cria *ex nihilo*.

Beatriz é uma pessoa paradoxal; apesar de alguns aspectos primitivos que seu funcionamento psíquico deixava transparecer, demonstrava, em algumas situações, uma grande capacidade de observação da realidade e uma capacidade poética de expressão. Acho que, quando me referi à sabedoria das pessoas do interior que me encantava em Beatriz, tinha em mente essa capacidade de, intuitivamente, captar e expressar verdades. Uma vez me disse:

"Vi você no teatro e achei interessante não sentir o que eu achava que ia sentir. A sua presença ou não, ali, me mostrou como você está presente na minha vida. Eu não me incomodei de te ver fora daqui, de pensar que você é uma pessoa com quem eu converso todas as minhas coisas mais íntimas. Fiquei tranquila porque pude perceber isso. Como um casal que fica fechado entre quatro paredes, tendo uma relação sexual; depois saem e vão numa reunião; as pessoas sabem que são marido e mulher, mas não têm acesso àquela intimidade que aconteceu".

Depois de cinco anos de análise, Beatriz contou-me o seguinte sonho: "estava na minha casa e teve uma sensação estranha, diferente do que imaginara. Sentia-se bem em conversar com pessoas da minha família, era como se os conhecesse. E, mesmo quando me viu, pensou: "Como é estranha essa relação aqui com você... eu não sei nada da sua vida".

Embora se dê conta da intimidade que nós duas vivemos entre as quatro paredes do *setting*, Beatriz percebe também a peculiaridade desta relação. É a este tipo de observação apurada que me referi anteriormente.

Um ano depois, após as férias, faltou a uma sessão. Comentou na sessão seguinte:

"Tive um sentimento diferente nessas férias, até não vim ontem e hoje cheguei tarde, por isso. Eu vim no carro pensando e, de repente, percebi que não preciso mais vir aqui correndo, que o que eu já consegui aqui ou já vivi, ninguém me tira, não vai mais embora, é meu, já foi conquistado. Então, dá para faltar, chegar atrasada, não fiquei mais naquela agonia de que você não vai estar. A C. (filha) estava na praça brincando, e eu não quis interromper".

Achei interessante essa percepção que ela teve, diferente da vivência relatada por ocasião de outras férias, quando se sentia abandonada. Após seis anos de análise, Beatriz começava a internalizar o objeto analítico. Mesmo sem a minha presença, foi capaz de elaborar seus sentimentos.

Beatriz frequentemente experimentava um sentimento de abandono. Toda vez que viajava de férias com a família do marido, Beatriz dizia sentir-se mal, tendo dificuldade de relacionar-se com as pessoas e reclamando que o marido a desprezava. Nestas ocasiões, Beatriz parecia muito triste e eu me sentia envolvida numa atmosfera sombria. Por vezes, ocorreu-me a imagem de uma filha adotada. Penso que tais situações remetiam a analisanda a vivências muito antigas, do tempo em que estudava em colégio interno, sentindo-se abandonada. Quando voltava para casa no período das férias escolares, não experimentava grande conforto junto a seus familiares, pois sentia ter perdido a intimidade com os pais e os irmãos e se tornado uma estranha junto aos mesmos. Levando tudo isso em conta, considero que a possibilidade de sentir que pôde suportar a interrupção de nossos contatos representou um ganho expressivo em seu processo de análise.

Além de começar a poder suportar a separação, Beatriz começou a ter a noção de que éramos pessoas distintas. Pareceu-me que uma fantasia de viver em continuidade comigo cedia lugar à percepção da realidade. Isto ficou mais evidente na primeira sessão depois de outras férias, quando comentou:

"Estou me sentindo diferente, não senti tanto a tua falta e, agora, quando te vi, fiquei me sentindo sem graça." Pensei: ela é outra pessoa! "Acho que não tenho mais tantas coisas na minha cabeça para falar... de repente, pensei: Que horror! quantas vezes vim aqui e nem te vi! Só falava, falava... Estou com uma raiva! Parece que você me viu pelada e eu nem percebia. A sua posição é muito confortável: você fica aí só escutando e eu aqui me expondo, tão desconfortável".

Pareceu-me que Beatriz vivia um momento importante: o de seu nascimento psíquico, uma vivência inaugural. Pela primeira vez manifestava algum escrúpulo ao expor-se diante de mim; no entanto estranhei seu comentário, pois ela me parecia muito à vontade — espreguiçando-se no divã, olhando para o jardim, bem confortável —, e ela dizia exatamente o contrário! Comentei que parecia que ela não percebia um outro lado: o de ser escutada com atenção, de ter alguém ao seu lado, atento às suas necessidades e tentando ajudá-la.

Nove anos se passaram. Beatriz continua a trilhar o seu caminho comigo a seu lado. Em uma dada sessão, surge pela primeira vez um material onírico, de cunho transferencial, profundamente erotizado: estamos nós duas na cama em sua casa e nos masturbamos. A masturbação é um modelo que já mostra a possibilidade de brincar, já há uma comunicação.

Antes, Beatriz não conseguia sair de si própria. A mente anuncia, agora, a passagem do autoerotismo para prenúncios da genitalidade. Neste sentido, acho significativa minha presença no sonho, que implica que o outro já está sendo reconhecido e tomado em consideração.

Um ano depois, Beatriz conseguiu voltar a trabalhar, o que lhe foi muito custoso, pois em função disto, teve de reorganizar toda sua vida. Simultaneamente ao momento em que começa a poder se separar de mim, Beatriz ensaia os primeiros passos no sentido de separar-se de sua filha. Até então não conseguira fazê-lo. Alimentava fantasias de que, caso se afastasse, a filha não mais a reconhecesse. Durante todos esses anos, a sua atividade mais importante era vir à análise e, para fazê-lo, percorria alguns quilômetros de carro, de modo a poder deixar sua filha na casa de sua mãe, a única pessoa em quem confiava para desempenhar tal função. Para poder se cuidar, Beatriz precisou recorrer à sua mãe, o que favoreceu uma aproximação com a mesma. O fragmento seguinte parece ilustrar esta evolução:

"Eu sei que alguma coisa eu perco saindo de casa para trabalhar e deixando a C. (filha); mas hoje o mais importante é eu fazer aquilo em que eu acredito, mesmo tendo que me afastar dela".

Ao que eu lhe respondo: "Parece que quando você se sente mais confiante, mais próxima, dá para afastar-se".

Parece que Beatriz está descobrindo o mundo à sua volta. Já não existem somente mãe, filha, marido e analista. Agora existe também o trabalho, e outras pessoas passam a despertar seu interesse.

Às vezes, Beatriz me surpreende com suas observações. Parece uma escritora latino-americana, tipo Gabriel Garcia Marques; mistura realidade e bom senso com fantasia de uma maneira muito interessante, às vezes com uma ironia refinada, outras até poética.

Foi muito difícil para Beatriz se tornar mulher. Numa ocasião me contou que durante dois anos enfaixou os seios, tamanha era a vergonha que sentia de ter de pedir à mãe que lhe comprasse sutiã.

"A minha tia, que era costureira, falava: 'Beatriz, você precisa pôr sutiã'. Eu rezava para ela contar para a minha mãe, mas ela não contava! Que tristeza! Eu pegava a minha malinha e voltava para o colégio interno sem o sutiã. Que fracasso, que sofrimento! Conversei com a minha filha que devia usar sutiã, ela já está ficando com peito. Sabe que ela ia de *modess* para a escola quando pequena, e eu deixava? Que diferença da minha experiência!"

Beatriz se empenha em ser, para a filha, a mãe que nunca teve, podendo aceitar seu crescimento e lidando com as questões sexuais com naturalidade; entretanto, ainda apresentava indícios de sua relutância em crescer. Beatriz tinha um dente de leite que nunca caiu e se incomodava muito com ele, mas não queria tirá-lo. Pôs aparelho corretivo e a ortodontista insistia em extraí-lo. Esse assunto foi muito discutido em análise, associando-se a permanência do dente de leite à manutenção de um aspecto infantil de sua personalidade. Somente depois de dois anos concordou em tirar esse dente, o que a aliviou muito, porque comprometia sua aparência do ponto de vista estético. Hesitava em abrir mão de alguma coisa que era dela (o dente) e que com ela tinha nascido. Um dia, finalmente, comentou:

"O que eu mais desejo é ter as minhas coisas, não as concretas. Esse meu trabalho aqui me leva a ter a minha independência emocional. Hoje, vindo para cá, me senti muito sozinha e estava me sentindo bem. Marido não é a tábua de salvação, você também não é. Foi difícil a conversa que tive com ele, fiquei sem vontade de pôr sapato alto, brinco... Se você vai pôr sapato de salto, é bom sair e estar de bem com o marido; se não, não tem graça... Foi como a história dos meus dentes. Eles ficavam na minha boca, bem grandes. Aparece a tensão porque tem um motivo: ou eu cuidava dos meus dentes ou eu me trancava em casa e não saía mais. Me causam muito sofrimento mental. Porque ficam essas coisas na cabeça..."

As falas de Beatriz, às vezes, parecem desconexas. Mas, para mim, têm um sentido porque, há tantos anos juntas, cria-se uma intimidade e um conhecimento do outro muito grande, que não torna necessário explicar muito sobre o assunto de que se está falando; parte-se do princípio de que o outro já sabe do que se trata.

Recentemente encontrou o marido almoçando com a secretária no *shopping*. Chega e logo fala, o que não é muito comum (quando isso ocorre, eu já sei que alguma coisa muito importante aconteceu):

"Eu já tinha fantasias de que eles almoçavam juntos e, quando eu vi os dois juntos, pensei: eles já transam. Eu sou a empregada e ela é a mulher, e ele saiu com ela".

Este é um problema que ela sempre trouxe, desde o início da análise: o da inversão de papéis, na qual ela se coloca sempre numa posição de inferioridade. Chamava-me a atenção e, no começo, eu não entendia o que significava. Por exemplo: ela via o marido se despedindo da mãe, abraçando ou dando um beijo; logo ficava fazendo uma fantasia de que o marido confundia a mãe com ela. Me dizia: "eu de fora, olhando, e ele abraçado com a mulher dele; não entendo como ele não percebe como é ridículo". Era uma situação que a deixava com muita raiva, quase fora de si. Esse tipo de situação atrapalhou muito a relação dela com a sogra e com o marido. Parou de frequentar a casa dela e, nos feriados e final de ano, ia com eles para a fazenda ou para a praia, de má vontade. Um outro exemplo: ela saía de casa para ir trabalhar de manhã e, às vezes, a empregada estava na janela e dava "tchau". Dizia-me: "ela pensa que a dona de casa é ela. Pois eu estou saindo para trabalhar e ela vai ficar lá o dia inteiro mexendo nas minhas coisas". Foi muito difícil ela aceitar uma empregada, implicava com todas e achava que queriam tomar seu lugar. Atualmente, Beatriz lida de uma outra maneira com este sentimento, mesmo quando por ele se sente invadida; chega até a conseguir ironizar uma situação que antes a tomava completamente, deixando-a fora de si.

Algum tempo depois, quando cheguei ao consultório, ela já estava, o que era muito pouco comum. Beatriz comentou:

"Hoje trocou: eu cheguei antes de você. Não gostei. Parece que a relação fica invertida".

Disse-lhe: "Isso me lembra uma criança chegando da escola e vendo que a mãe não está; geralmente ela fica triste".

Ela respondeu: "Anos e anos e você está sempre aqui. Um dia, você poderá não estar mais... Tudo mexe tanto..."

Beatriz pareceu, pela primeira vez, dar-se conta de que análise não é para sempre...

Começou a fazer mestrado. Numa sessão, estabeleceu uma analogia entre a pesquisa que está desenvolvendo e o processo de investigação analítico, o que a deixou muito contente. Disse, entusiasmada com a sua descoberta:

"A grande pesquisa que eu faço é a análise. É uma pesquisa sobre mim mesma — minha vida, quem eu sou. O professor falou para colocar as coisas que você faz, pensei na hora que a maior pesquisa que eu faço é a análise; poder encontrar uma coisa em que eu pude me aprofundar me deu uma alegria muito grande".

Considerações

Acredito que seja um caso longo, sem término previsto, mas não interminável. Alguns ganhos obtidos em sua análise são, para mim, claramente identificáveis. Sua vida sexual melhorou bastante e, hoje, Beatriz consegue dialogar muito melhor com seu marido sobre seus desejos, sentindo-se mais mulher. Não se vê mais tão submissa em relação a ele. Voltou a trabalhar, depois de estar afastada do mercado de trabalho há alguns anos, e desenvolve uma atividade compatível com sua formação profissional. Tem melhorado seu conhecimento profissional através de cursos de aprimoramento. Diferenciou-se culturalmente, viajou, ampliou seus horizontes e hoje acompanha a vida cultural que São Paulo oferece, o que antes, absolutamente, não a interessava. Além disso, passou a se relacionar melhor com a própria mãe, tendo-se tornado ela própria uma mãe dedicada, que acompanha de perto o desenvolvimento de sua filha. Beatriz é uma pessoa com recursos emocionais e apesar de, do meu ponto de vista, já ter introjetado um bom objeto analítico, parece-me não confiar suficientemente em sua capacidade de autoanálise. Talvez, o que ainda falte para Beatriz seja um pouco de coragem para ir embora e "tocar" sua vida sozinha. Sente-se muito solitária, não tem um marido que forme um bom par com ela, e é distante de sua família. Tem muita dificuldade em estabelecer relações de amizade e, também, de manter um círculo social. A atividade profissional que desenvolve favorece seu isolamento. Acho que uma das funções que a análise desempenhou para ela, todos esses anos, foi a de prover-lhe um interlocutor com quem conversar sobre sua vida mental e a de ensinar-lhe a desenvolver com alguém uma verdadeira relação de intimidade. Sinto que a análise é o que faz de mais importante na sua vida, e que eu represento para ela uma pessoa com quem ela sente que pode contar.

Talvez sejam esses os principais motivos pelos quais estamos juntas há dezoito anos.

Penso que devemos acatar a sensata recomendação de Freud a respeito de nosso trabalho, no sentido de não nutrirmos expectativas idealizadas em relação ao desenvolvimento de nossos analisandos, mas de contentarmo-nos de, na melhor das hipóteses, transformá-los mais plenamente neles mesmos ou, como disse Bion, não analisá-los por completo e, sim, fazer do que eles são o melhor possível.

Acredito que Beatriz tenha desenvolvido a função pensamento e seja hoje capaz de simbolizar; vejo-a, por outro lado, muito menos dissociada e recorrendo bem menos a mecanismos de identificação projetiva. Em seu mundo interno, objetos parciais cederam lugar a objetos totais, configurando relações de objeto de uma qualidade mais desenvolvida.

Após termos percorrido uma longa caminhada e de Beatriz ter desenvolvido suas potencialidades, penso que é chegado o momento de ela se perguntar que função a análise ainda está desempenhando na sua vida. Acredito que, quando puder responder a essa pergunta, Beatriz estará pronta para despedir-se de mim e dar por terminada a análise, podendo então elaborar o luto por essa separação.

Caso C — *término com consultas analíticas*

Quando me procurou, já na primeira entrevista, Cláudia pareceu-me um bebê, muito aflita; falou muito, dizendo, com uma voz de criancinha, que sentia muita raiva de tudo. Tinha um namorado e queria terminar com ele a todo momento, mas não conseguia fazê-lo. Seu pai tinha morrido há dois anos e sem ele, segundo ela, a vida da família inteira tinha mudado. O pai era muito idealizado; para ela, ele resolvia todos os problemas. Sentia muita culpa em tudo que fazia. Tinha tido relações sexuais com o namorado há uns três meses e não conseguira ter nenhum prazer. Não sabia o que queria, não sabia o que fazer com a própria raiva. Sentia uma "bola" na garganta, parecia que ia explodir. Disse que a mãe tinha inveja dela por ter namorado: a mãe era viúva e não tinha nenhum companheiro. Tem uma irmã mais moça quatro anos que, segundo ela, também a invejava por ter namorado e ela, não. Relata um episódio em que o namorado lhe dá uma flor e ela a dá para a mãe, para acalmar a inveja dela. Não se conforma com a realidade, acha tudo difícil, duro, árduo; dizia que, sem o pai, não tinha forças para nada. Ao longo desses dezessete anos, Cláudia mudou muito, desenvolveu-se, amadureceu. Casou com o antigo namorado e, como não conseguia ter filhos por ter feito um aborto mal sucedido quando namorava (já estava em análise), fez inseminação artificial e conseguiu ter um bebê. Teve muitos problemas para se desligar da mãe: depois que o pai morreu, dormiu com ela na cama de casal durante nove anos. É uma moça muito bem preparada, ótima profissional, ganha muito bem, acabou seu mestrado e está se preparando para o doutorado. Acho que introjetou um bom objeto analítico e o término de sua análise, dentro do possível, acredito que não será tão doloroso. Estamos trabalhando para o término, que deve ocorrer em breve. Por enquanto, estamos nos encontrando uma vez por semana, visando a espaçar esses encontros cada vez mais até torná-los esporádicos. Chamei a tais encontros, tomando emprestada a expressão de Fédida[1], de "consultas analíticas".

Essa é uma das primeiras sessões de Cláudia, a qual acredito que deixe transparecer como era seu funcionamento mental — na relação comigo e com a sua própria vida.

Pediu para trocar o horário para mais tarde, e eu concordei. Chega muito aflita. Não é comum ela pedir para trocar horário; o que é mais usual é ela chegar com atraso.

Exclama: "Ah! eu nem acredito que cheguei e que você trocou o horário!... achei que não ia dar. Me sinto muito mal, é uma injustiça. Parece que estou roubando tempo seu, da sua casa, da sua família".

É uma fala frequente em Cláudia: "É injusto eu pensar isso de você, não tenho nem coragem de falar". E vai falando, não para, e acrescenta: "não era nada do que eu queria falar — nem sei o que é que quero falar".

---

[1] Pierre Fédida, psicanalista francês, falecido em 2002.

Digo-lhe: "Parece que você tem dificuldade em aceitar que alguém dê atenção a você, e atenda a um pedido seu".

A história de Cláudia parecia não comportar nenhuma vivência de si mesma como alguém frágil, vulnerável, que pudesse identificar em si alguma necessidade a ser satisfeita pelo outro. Cláudia é, desde que seu pai morreu, o "homem" da casa, aquele que toma as decisões e paga as contas. Nesse sentido, chamou-me a atenção a percepção que tive dela na entrevista inicial: uma criança desamparada, parecia se apresentar em busca de ajuda. Talvez estivessem em jogo aspectos cindidos de sua personalidade que, com o correr da análise, passaram a ser gradativamente integrados.

Numa sessão depois das férias, chega dez minutos atrasada. Entrei por outra porta, o que pareceu tê-la assustado; depois Cláudia subiu sorrindo, deitou, fez uns minutos de silêncio, e disse:

"O J. (namorado) me disse várias vezes que eu andava muito chata, ele estava louco para eu voltar para a terapia; e eu acho que eu também estava. É que não tenho com quem conversar, quer dizer, tenho família (mãe, irmã, colegas de trabalho, namorado), mas é diferente da conversa que eu tenho aqui". Fica uns minutos em silêncio, e continua: "É tão estranho estar deitada aqui, parece que eu estou num deserto sozinha, fiquei com medo, de repente sobe uma "bola" na garganta..."

Ao mesmo tempo em que Cláudia reconhece que essa conversa é diferente e que lhe faz falta, o sentimento de ficar sozinha consigo mesma na minha presença ainda é fonte de angústia para ela.

Cláudia continua: "É, mas não sei... é uma sensação tão gozada, é como se você não estivesse aqui. Na minha casa e no trabalho também me sinto muito sozinha. Mas eu percebo que sou eu que não falo com as pessoas. Hoje eu cheguei um pouco atrasada, porque a minha irmã estava conversando comigo coisas que eu sei que são importantes para ela e, na hora, eu percebi que estava longe, nem prestando atenção; aí fiz um esforço grande para escutar o que ela estava dizendo. Me sinto mal, culpada, ainda bem que hoje eu percebi".

Achei o momento oportuno para lhe falar que tinha observado, no início da sessão, um certo estranhamento da parte dela ao me ver entrar pela outra porta.

Exclama: "Levei o maior susto quando não escutei barulho em cima, fiquei pensando... será que errei o horário? não era para eu vir hoje...que besteira, como eu fico aflita com coisas tão bobas... mas, na hora, fiquei tão insegura (voz mais calma, mais relaxada)!"

Ao que eu completo: "Parece mais tranquila agora..."

Fica um pouco em silêncio e começa outro assunto:

"Estou me sentindo culpada por não convidar a minha irmã para viajar nas férias comigo. Eu sou mais privilegiada que ela". (é uma situação que se repete, ela querer cuidar da irmã, que é mais nova do que ela, como se fizesse papel de mãe.)

Pergunto a ela: "Você perguntou se ela quer ir?"

Parece que fica tudo na ideia: pensa, 'des-pensa', mas não fala com a pessoa em questão. Cláudia se assusta, parece que foi uma ideia muito nova na cabeça dela:

"Não, nem perguntei. Ela está acabando a faculdade. Já tirou férias em janeiro. Como é que não pensei nisso antes, acho que ela nem aceitaria. Por isso que eu gosto de vir aqui. Você me faz pensar diferente".

Digo-lhe: "Você diz que se sente culpada por não convidá-la. Talvez possa ser o contrário... é para você se sentir melhor que imagina que a convida, mas fica tudo na ideia..."

Cláudia busca explicações externas para seu mal-estar. Parece a história dela; as experiências que conta são todas de cunho sensorial. Ela se assustou, porque eu entrei pela porta errada, é sempre o mundo externo que provoca todas essas reações. Esse fragmento de sessão me pareceu interessante, porque ilustra um funcionamento mental característico de Cláudia. Ocorrem-lhe várias ideias, que não saem de sua cabeça: lá nascem e lá morrem, sem que ela as submeta ao teste da realidade. Cláudia sofre por conjecturas que faz, sem se dar conta que se trata apenas de conjecturas; por outro lado, as iniciativas que imaginariamente tomaria parecem desempenhar a função de acalmá-la. Nesse momento, sinto que minha função é confrontá-la com várias alternativas possíveis, estimulá-la a examinar uma mesma questão por diferentes ângulos, incentivá-la a testar suas hipóteses depois de tê-las reconhecido como hipóteses, ao invés de tê-las tomado de antemão como certezas. Em outras palavras, durante algum tempo achei importante ajudá-la a discriminar simplesmente um estado alucinatório de uma situação de contato com a realidade.

Cláudia menospreza muito a condição feminina, só se valoriza como "homem": trabalhando, pagando as despesas, cuidando da mãe e da irmã. Se o namorado paga as contas, ou as divide com ela, se sente muito mal; mas, ao mesmo tempo, se não o faz, reclama sem parar, e conclui que ele não serve para ela. Ela é exigente com ela mesma e projeta essa exigência nos outros.

Depois de dois anos de trabalho, sem que eu tivesse que estimulá-la, Cláudia começou a me comunicar, espontaneamente, o que se passava em sua mente, a respeito do que vivia na relação comigo. Tinha deixado recado na secretária, avisando que não compareceria à sessão. No dia seguinte, veio no seu horário habitual. Ao chamá-la, percebo que sorri. Deita-se, mexe-se um pouco, e diz:

"Vim pensando o que eu vou falar hoje aqui... achei que você tinha esquecido que eu vinha hoje nesse horário. Quando escutei seu barulho, vi que estava aqui, fiquei com medo: quando escutei seus passos na escada, achei que você ia descer com a bolsa, pronta para ir embora, e ia se assustar comigo ali sentada".

Digo-lhe: "Você disse que não sabia o que falar e quantos sentimentos passam pela sua cabeça que você está me comunicando!"

Acredito que esse fragmento permita perceber que Cláudia já tem um maior contato com seu mundo interno.

Numa outra sessão, chega dez minutos atrasada, como é costume seu. Entra, meio sorrindo, deita, e logo fala:

"Eu estava com um monte de coisas que vinham na minha cabeça; agora que eu estou aqui, parece que fica tudo ridículo, que não tem nada a ver eu falar dessas coisas para você".

Fico pensando se são coisas que realmente acontecem fora e não têm nada a ver, ou se tem receio de falar, de ver algo que não quer.

Digo-lhe: "Parece que você fica na dúvida sobre o que falar aqui: falo isso, não falo... Talvez não considere seus sentimentos, acha que são ridículos".

Cláudia responde, contando uma outra situação: "A minha colega que vai sair de férias já nem está dando bola mais para o trabalho, nós temos que dar um curso juntas, mas ela não está mais interessada".

Ficou mais claro para mim o que ela estava querendo dizer, através desse exemplo: pareceu-me estar se sentindo negligenciada por mim e pela colega. Comunico o que pensei: parecia-me que ela achava que eu também não estava interessada nela, porque eu também iria sair de férias.

Cláudia responde: "É difícil pensar que eu acho isso de você. A minha colega vai para a Europa e achei que você também vai, não sei por que, como é que eu posso saber para onde você vai? Ela está cheia de coisas para fazer, tirar passaporte, documentos etc.... vai ver que você também está..."

Acredito que desde o começo da sessão ela estava pensando sobre minhas férias e imaginando lugares hipotéticos onde eu poderia ir. Digo-lhe: "Parece que o que 'pensa', acha, vira uma certeza".

Logo fala: "Eu sei que não, e que é da minha cabeça... mas se você não vai para a Europa, então vai para Porto Seguro (onde ela passou as férias)". Fala e dá uma risada.

Através dessa fala, Cláudia parece se dar conta de um funcionamento característico seu, já podendo usar de humor, diferenciando o que é realidade do que é um produto de sua imaginação — isto, aos meus olhos, representa uma evolução.

Cláudia começa a mostrar-se menos angustiada ao expressar o que sente. No entanto, à medida que a análise evolui, as teorias que havia trazido consigo começam a desmoronar e isto, sim, a angustia. Eram muitas as suas teorias, principalmente sobre o que seria uma "boa psicóloga". Uma "boa psicóloga", no seu entender, teria de ter um consultório, fazer análise e grupos de estudos de Freud. Suas teorias abrangiam também o que deveria ser uma análise e, muitas vezes, Cláudia questionou-se a respeito.

Para ela, crescer era cumprir metas. "Preciso fazer análise, preciso comprar um carro, preciso comprar um apartamento" — era como se vivesse por empreitadas. Cada meta a absorvia completamente e ela o expressava dizendo: "meu nome é carro", "meu nome é apartamento", e assim por diante.

Cláudia faltou durante uma semana inteira à análise, para procurar apartamento para comprar. Na primeira sessão a que compareceu depois de ter conseguido o financiamento de que precisava, contrariando seus hábitos, chega antes do horário e, enquanto me aguarda, lê uma revista. Ao entrar, parece meio sem graça e, sorrindo, logo começa a falar: "Fui com a mãe ver aquele apartamento, mas é muito pequeno, não gostei. Essa loucura que eu estava de procurar apartamento, não é que eu desisti, mas não sei, de repente, eu estava lendo lá na sala de espera a (revista) *Veja* e vi que tem uns *shows*... e, de repente, me deu uma vontade de ir ver, de dançar, de levar a vida mais leve".

Digo-lhe: "Parece que, às vezes (não foi a primeira vez), é tomada por uma ideia que a impede de ver as outras coisas da sua vida. Como se só tivesse isso na sua frente. Não dá para ver mais nada. Agora, pelo que me diz, está mais interessada em você mesma".

Nessa sessão, o seu "programa de desenvolvimento" parece começar a ser violentamente questionado. Cláudia começa a se perguntar sobre o que é que tem sentido em sua vida. Diz: "Senti tanta falta de não ter vindo aqui ontem. O meu carro está imundo, e eu detesto andar de carro sujo, e nem mandei lavar... me dá impressão que todo o resto das minhas coisas ficou parado, ficou de lado. Fico pensando... eu pago todo mês o aluguel do consultório e nem tenho paciente, eu faço um curso e para quê fazer o curso, se não tenho consultório?"

Digo-lhe: "E para quê fazer análise, se não tem consultório? Causa e efeito, é uma coisa por causa da outra. Psicóloga tem que fazer análise, mas acho que nós duas não acreditamos que você faz análise por isso".

Cláudia parece afligir-se, ao dizer-me: "Mas eu me sinto meio pelada se eu vier aqui sem nada".

Comento: "Dá para entender por que paga o consultório sem pacientes. Desmontar toda uma teoria que você manteve até hoje deve ser muito doloroso".

Cláudia responde: "É... hoje fiquei pensando se eu vinha aqui ou não, e de repente me deu um vazio, um medo de ficar no tédio. As coisas não mudam e sinto uma raiva de mim de não ter vindo ontem. Como eu perco tempo, queria ser homem! Gostaria de levar tudo junto, a minha profissão, o meu projeto de comprar um apartamento, de dar atenção para a minha mãe, para o J. (namorado), sem deixar de me divertir e de cuidar de mim. Mas eu não consigo, não gosto de ser assim como eu sou, uma parte de cada lado, tudo espalhado, e só ir andando uma de cada vez".

Desde que o pai morreu, Cláudia tomou as rédeas da família. Durante nove anos dormiu na mesma cama que a mãe, e eu só vim a saber disto por acaso nesta sessão, depois de seis anos de análise. Considero que esta sessão representou um ponto de inflexão na análise de Cláudia. Volta à tona o tema "casar ou não casar": ela namora há dez anos e não consegue se decidir. J. (namorado) já havia proposto casamento quando de sua gravidez, quatro anos antes, e ela preferiu fazer um aborto e não casar.

Ela me conta: "Tenho brigado muito com o J. (namorado), não tenho vontade que ele durma lá em casa e não sei como falar para ele sem ofendê-lo... eu fico muito dividida entre ele e minha mãe... se eu estou com ele, me sinto mal porque acho que estou deixando minha mãe sozinha e, se fico com ela, acho que ele vai se encher de mim..."

Disse a ela que me parecia não caberem os dois na mesma situação.

Cláudia concorda: "... e não dá mesmo... quer ver um exemplo? ... ela vai dormir e fica me esperando... não apaga a luz enquanto eu não vou... eu fico na sala com ele... ele quer transar e não dá vontade, sabendo que ela está me esperando... e é chato porque, quando eu transo com o J., é sempre na sala, e fico com medo que ela apareça... não dá para ficar à vontade..."

Dou-me conta de que Cláudia partilha o quarto com a mãe e ela esclarece: "Mesmo quarto e mesma cama!... eu não tenho cama... perdi nem lembro mais quando. Eu tinha a minha cama mas, depois que meu pai morreu, a gente vendeu... eu não usava mais... e o meu quarto virou sala de TV... é legal, mas eu não tenho privacidade nenhuma..."

E eu acrescento: "nem ela..."

Cláudia assente: "é... nunca pensei nisso... mas ela gosta..."

E eu completo: "Fica difícil você casar se já está casada..."

Depois de um ano, conseguiu mudar de quarto. Foram muitas as sessões em que falamos deste assunto: sua vontade de ter um espaço só seu, de não ter que dividir a cama com a mãe. O mais interessante foi que a mãe, como eu tinha previsto, e ao contrário de suas expectativas, não ficou nada chateada, até gostou; pôde acordar mais cedo, arrumar a cama e fazer outras coisas que, ao que parece, gostaria de ter feito há muito tempo, só não fazendo porque elas dormiam juntas. Quem não gostou nada foi o namorado, que ficou muito irritado com ela e comigo (dizia que eu era culpada por aquela mudança), e não entendeu seus motivos. Ele teve que passar a dormir na sala e ela ficou sozinha no quarto. Foi uma situação que possibilitou a Cláudia perceber que o que achava que a mãe ia sentir (ficar brava com ela, se sentir abandonada) era só na cabeça dela; a partir disso, pôde discernir melhor fantasia e realidade. Chegou uma vez a me dizer: "... mas se eu falar para ela que quero mudar de quarto, ela vai se sentir viúva!..." Ao que eu respondi, para seu grande espanto: "mas ela *é* viúva!.."

Penso que, embora já tendo evoluído, Cláudia ainda hesita em vivenciar o sofrimento que o contato com a realidade pode acarretar. Tem assuntos que, segundo diz, prefere deixar no *freezer*. Com outra expressão muito sua, "eu sei têm uns gatos muito mal matados", costuma referir-se a assuntos em que não gostava de pensar. Há um mês notou um caroço no peito, fez exames depois de algum tempo, mas não foi buscar o resultado; diz que não está preocupada mas, quando começou a falar do assunto, apareceram as muitas fantasias que tem: pensa até em fazer um inventário, que o namorado poderia ficar viúvo sem ter casado, que prefere morrer a ter que fazer mastectomia, que não quer ficar careca, que jamais faria quimioterapia etc... Esta semana foi pegar o exame e levou na ginecologista; entregou nas mãos dela, mas não perguntou o resultado e nem telefonou mais tarde para saber. Penso ser este um bom exemplo de como eu observo que trata de assuntos importantes de sua vida. Acho que esta situação ilustra a dificuldade de Cláudia em lidar com as limitações que a realidade inevitavelmente impõe. Teve de fazer uma cirurgia no seio, mas não era nada grave. Não se permite ficar doente e, da mesma forma, quando põe na cabeça que quer fazer alguma coisa (comprar um carro novo, viajar para o exterior, reformar o apartamento), nenhum argumento a demove da ideia.

Seu lema em relação a gastos sempre foi "se você quiser gastar mais do que ganha, trate de ganhar mais". Ao invés de fazer economia, seguindo a sugestão do marido, Cláudia "se vira" e acaba alcançando o que quer; consegue dar cursos e "engordar" o orçamento. Em suma, Cláudia não baixa o padrão. Por exemplo, por ocasião do aniversário de sua mãe, saíram para almoçar fora; percebeu que a irmã e a mãe gostariam de pedir camarão, mas não o faziam, porque era um prato caro. Falou: "Podem pedir camarão que eu que vou pagar a conta". Mesmo estando apertada, não aguenta e oferece. Parece-me um pai onipotentemente provedor, um modelo de chefe de família, que paga a conta para os filhos. Quando fiz essa observação, ela ficou muito atrapalhada, aturdida mesmo. Associei esse comportamento à forma como me paga. É sempre ela que toma a iniciativa de reajustar os meus honorários, antecipando-se a qualquer proposta minha neste sentido. De certa forma, também comigo procura manter as rédeas da situação. Isso ficou evidente para mim quando constatei que reiteradamente após o meu retorno das férias, Cláudia faltava à primeira sessão; até a retomada da análise era por ela decidida.

Talvez ter debatido esse tema com ela tenha favorecido que viesse a assumir uma atitude um pouco mais feminina, deixando mais espaço para que seu namorado tomasse iniciativas. Numa sessão teve um *insight* e concluiu: "Ontem pintou um clima para transar e na hora eu pensei... ai! amanhã eu tenho que acordar tão cedo... aí eu pensei... eu pareço um homem... só falta pôr gravata..."

Custou muito à Cláudia decidir-se casar. A sessão que passo a relatar a seguir, parece-me que foi decisiva para que isto acontecesse. Ao chegar, mostra-se muito contente em me ver. Começa imediatamente a falar:

"Nem acredito que estou aqui... você não sabe a falta que fez esses dias, acho que foi a vez que mais senti sua falta... estou tão contente que não sei o que falar, por onde começar..."

Conta sobre o Natal com a família. Foram viajar e o presente que o namorado ia dar (ela já havia me contado que era uma aliança), ele deu para a mãe dela levar. Relata: "quando estávamos arrumando lá na casa da minha avó todos os presentes, eu escutei ele perguntando para minha mãe sobre a aliança e você não imagina o que aconteceu... ela esqueceu aqui em São Paulo!!! nem sei te contar como foi desagradável, ele ficou 'puto' com ela... eu não liguei muito, sabia que iria ganhar quando voltasse, mas o J. (namorado) estragou o Natal dele. Ele não se conformava, queria voltar para cá para pegar; no fim, minha mãe ficou magoada com ele, ela pediu desculpas mas não adiantou... ele acabou brigando com a minha irmã... bom, entornou o caldo e eu fiquei no meio... não sabia o que fazer...

queria ter uma sessão no dia 24 à noite!!! dá para acreditar nisso? mas eu fiquei completamente perdida... não conseguia pensar e nem entender nada do que estava acontecendo... perdi a clareza, o bom senso, só fiquei entre os dois, tentando apaziguar e não consegui. A briga foi por minha causa e eu não estava me incomodando... mas uma coisa eu percebi e não sei te dizer, porque desta vez eu fiquei muito mais do lado do J. (namorado) ... acho que foi a primeira vez... e até a minha mãe reclamou... que eu só ficava com ele... aí ele quis voltar antes, mas isso eu não consegui, queria passar o *réveillon* numa praia, mas eu fiquei sem graça de dizer para a minha mãe, não sei por quê, agora que estou te falando, eu acho que eu deveria ter vindo embora... mas não consegui..."

Enquanto a escutava falar, nitidamente me dei conta do conluio que pareciam manter mãe e filha. Até este momento, me parecera que a dificuldade de se separar era, sobretudo, de Cláudia; neste relato, me ocorreu a ideia de que o esquecimento da aliança representava um ato falho da mãe, sugestivo da dificuldade experimentada por esta em ver a filha casar-se. Até este momento, o que a filha demonstrava era muita aflição em se separar da mãe. Sair da cama de casal da mãe foi um parto... Cláudia dizia que, se ela se casasse, a mãe ia se sentir viúva de novo e era muito, mas muito difícil tocar nesse assunto com a mãe... chegava a ensaiar em voz alta na sessão o que ia dizer e, na hora "H", não dizia nada, e o tempo ia passando: dez anos de namoro!!! Mas Cláudia, desta vez, mostrou-se muito indignada: "Não esqueceu nenhum presente, nem do da filha da empregada da minha avó, e não lembrou do meu!!!!" Mas não se deu conta do que isso significou para ela; daí ter sentido tanta falta da análise. Pareceu-me ter trazido tudo em bruto para eu decifrar. Veio-me à mente o modelo do *"Hamlet"*: quando ele desconfiou de que o tio era o assassino do seu pai e não tinha como provar, montou uma peça de teatro representando o que achava que era a verdade. Ficou observando os dois, mãe e tio, assistirem à peça. O tio não aguentou ver até o fim e o crime foi desvendado. Pareceu-me que Cláudia me convidava a assistirmos juntas a uma peça de teatro, cujo significado era minha função esclarecer, pois era muito penoso para ela deparar-se com os sentimentos da mãe. Até então me apresentara uma mãe sempre amistosa, querendo sempre o seu bem.

Lembrei, também, das numerosas vezes em que me chamou de *Pollyanna* (uma menina, personagem de uma história infantil, que sempre distorce a verdade para transformar qualquer situação, por pior que seja, em ótima, maravilhosa); desta vez, não era eu a *Pollyanna* e, sim, ela!!! A dor de perceber os sentimentos da mãe era insuportável e ela fazia de tal jeito, que distorcia tudo.

Disse-lhe: "Talvez sua mãe tenha cometido um ato falho e parece que está muito difícil para você perceber a dor dela em relação à separação, e não só a sua. Não é somente esquecer o seu presente, mas o que significa uma aliança. De repente, os dois se enfrentaram e você ficou de fora, sem poder diante desta situação".

Lidar com a ideia de que poderia despertar inveja sempre fora muito penoso para Cláudia, não só em relação à mãe, mas também a colegas de trabalho. Numa ocasião, já estava com as passagens compradas para viajar para a Europa e mantinha segredo a respeito. "Tenho que ter certeza que vou para contar. Mas já estou com as passagens!"

Casou-se nas férias. Quando eu voltei das minhas férias, ela já tinha voltado da lua de mel, trouxe fotos do casamento para eu ver.

Cláudia, em geral, se mostrava muito contente com o que fazia. Só há algum tempo me dei conta de que, quando ela me dizia que eu parecia *Pollyanna*, era dela que estava falando, ela era própria a *Pollyanna*, mas depois sentia raiva, desejos de matar, e se assustava muito, quando se dava conta de que experimentava sentimentos agressivos. Uma das mudanças mais importantes que pude perceber em Cláudia ao longo desses anos foi seu reconhecimento de que tem esses sentimentos e de que isso faz parte da natureza humana. Quando sentia muita raiva, ficava muito mal, achava que estava louca, que era muito má, e que nunca seria perdoada, sabe-se lá por quem, já que não é uma pessoa religiosa.

Assim como Cláudia passou a integrar em si sentimentos de amor e de ódio, também passou a viver de forma mais integrada suas atividades profissionais, na clínica e na empresa em que trabalha. Durante bastante tempo manteve idealizado tudo o que dizia respeito ao seu trabalho na clínica e menosprezava o seu trabalho na empresa, que é o que lhe garantia o sustento e, como podia observar, quando falava dele, lhe dava um prazer muito grande. O marido ganha menos que ela; acho que não suportaria alguém que ganhasse mais. Ela tem ou alucina que tem o *phalus* e é insuportável para ela viver uma situação em que se perceba diminuída, inferiorizada.

Numa determinada sessão, Cláudia parece se dar conta do quanto se divide e se pressiona, acabando por comprometer sua qualidade de vida, se preenchendo com mil e uma atividades e metas a cumprir. Percebo quanto Cláudia se exaure neste processo sem fim e digo-lhe que lhe falta espaço para pensar.

Na mesma sessão, Cláudia conta: "minha mãe vai viajar, vou ficar só eu e o J (marido), gostei tanto, fico até me sentindo mal de achar bom que ela saia, mas, ao mesmo tempo, ando me sentindo irritada. Eu chego e já tem comida pronta; eu teria feito o jantar de outro jeito. Precisa fazer isso, aquilo, quem comprou isso? As verduras estavam feias, fiquei 'puta'. No regime dela, só ela pode comprar, ela não deixa o J. (marido) comprar nada. Se eu não morasse com ela ou se ela não morasse comigo, eu ficaria muito mais livre. Ela me puxa para fazer par com ela e, quando ela viajou, eu percebi que fiz muito mais par com o J. (marido)".

Cláudia parece dar-se conta de que, embora tendo casado, continua casada-solteira. Tem todos os benefícios de uma vida de casada: tem um marido, pode usufruir de privacidade na vida sexual, o que antes não acontecia... sem ter o ônus, já que a mãe se encarrega de toda a organização doméstica, além de contribuir significativamente para o orçamento familiar. Não mudou de casa quando casou. Essa situação, na minha maneira de ver, colabora para que Cláudia não entre em contato com uma realidade da qual, no fundo, se dá conta, mas que lhe é muito penosa: o precário desenvolvimento profissional do seu marido. Como Cláudia costuma ironizar: "Se eu não morasse com a minha mãe, teria que ir morar na Vila Cachoeirinha", (mora num bom bairro de classe média). Pelo fragmento acima transcrito, percebo que Cláudia começa a se dar conta de que o benefício que a vida de casada-solteira lhe proporciona tem um preço: o de não apropriar-se de sua própria vida, de sua própria casa, e de nela não se sentir mais à vontade.

Cláudia sentiu-se muito frustrada e fracassada quando não conseguiu ser aprovada no exame de pós-graduação. Foi uma das raras vezes em que a vi deprimida, sem estímulo para ir trabalhar. Acho que ainda não consegue se dar conta do que representa para ela não passar em um exame, sofrer uma frustração. Como é de natureza competitiva, tem muita dificuldade em lidar com fracasso. O luto pelos desejos não realizados é um fator de desenvolvimento mental. Neste sentido, acredito que Cláudia ainda tenha um caminho a percorrer, o que fica evidente na situação acima relatada.

Um dos aspectos que mais me chamou a atenção desde o começo da análise de Cláudia foi seu medo da inveja que pudesse despertar. Todas as suas conquistas tinham que ser mantidas em segredo, desde uma viagem para o exterior até o mestrado (conseguiu entrar no segundo exame), que fez escondido de seus colegas de trabalho e de sua própria chefe. Não conseguia usufruir do seu próprio sucesso. "Eu percebi uma coisa tão importante, eu estou amando a pós-graduação. Ontem à noite me deu uma coisa, eu estou achando bárbara a minha vida, e parece um filme antigo, quantas vezes eu já falei disso aqui, me dá um medo enorme da inveja dos outros, até do J. (marido). Eu estou me sentindo cidadã do mundo, eu estou amando a pós, as aulas, e eu fico me contendo no trabalho para ninguém desconfiar que eu estou fazendo MESTRADO!!! Para os outros, eu acho que eu fico mostrando o rabinho do rato." Cláudia refere-se a um modelo que usei numa sessão e que se tornou recorrente entre nós. Toda vez que Cláudia identificava um funcionamento semelhante, mencionava a expressão "rabinho do rato". Trata-se da história de Joãozinho e Maria: quando a bruxa pedia para eles mostrarem o dedinho para ver se tinham engordado o bastante para comê-los; eles, de medo de serem mortos, mostravam o rabinho do rato, que era bem magrinho. Cláudia ainda não pode ser grata a suas próprias qualidades. Ao mesmo tempo, está se tornando difícil conter-se: "ontem eu falei demais, eu vejo que está difícil me conter; me deu uma coisa, uma falta de ar, meu Deus, eu estou fazendo, eu consegui, eu estou me sentindo no reino dos Titãs!"

Depois de um certo tempo, Cláudia começou a querer engravidar, mas não conseguia. Numa determinada sessão, traz o seguinte sonho:

"Uma moça que não era eu, mas era eu, tinha outra cara mas eu sabia que era eu. A mãe da moça tinha um saco plástico com um feto dentro, ela estava brava e falou: 'vira aí', e ela ia colocar na filha o feto com o saco plástico... aí saía um fio de sangue da moça. A mãe colocava na filha o feto. No sonho eu sabia que era eu. Fiquei tão chocada. O dia foi legal (era Dia das Mães). De noite o J. (marido) quis transar e eu não queria; eu sei que é boicote, não é pela pós-graduação, eu sei que daria (usa sempre a desculpa do horário). Eu fiquei me sentindo muito mal, não tem nem homens no sonho. A mãe falava (no sonho): 'Você não é competente para ter um filho'... eu não consigo pensar nada".

O casamento com a mãe fica evidente nesse sonho, pois é a mãe que introduz o feto na filha. O filho seria fruto de uma relação homossexual agressiva e violenta. Chamou-me a atenção que, em seguida ao relato do sonho, a primeira associação que vem é com o Dia das Mães e a segunda, com o fato de o marido ter desejado manter relações sexuais com ela e de ela ter se negado. Cláudia também se dá conta da sua ambivalência em relação a cuidar de um filho e continuar sua vida profissional. Por outro lado, projeta na mãe sua desconfiança em relação à própria competência em desempenhar a função materna. Comunico isso a ela. Continua:

"Ontem, no final do dia, eu estava de mau humor. Tem uma coisa em mim que quer, e outra que não deixa. Eu faço duas matérias e vários colegas fazem uma (no mestrado). Eu tenho que me cuidar, porque parece que, se tiver um filho, é ela (a mãe) que vai cuidar, que nem hoje é ela que cuida da comida. Às vezes eu pergunto: o que vai ter de jantar? mas ela administra isso, porque no fundo eu era uma filha passiva, mas fiquei tão chocada, eu estou até vendo aquela cabecinha de feto com um olhinho..."

Cláudia ainda vive de maneira muito conflitiva a relação triangular com a mãe e o marido. Numa sessão, chega e logo conta um sonho:

"Eu tinha me separado do J. (marido). E eu não estava triste, separando as coisas do apartamento que eram dele. Já tinha falado com ele antes sobre a história da gravidez, se a minha mãe iria continuar ou não a morar junto se a gente tivesse um filho. Aí acordei no meio da noite tão angustiada, até pus a mão para ver se ele ainda estava na cama. Aí eu fiquei pensando ao contrário do sonho: eu me separando da minha mãe, acho que teria mais tranquilidade. Eu vou fazer cinco anos de casada e estou morando em três, de repente me pareceu impossível continuar a morar com ela. No Carnaval, ficamos os três no quarto do hotel, sem espaço, a gente transava enquanto ela tomava banho. Depois desse sonho, eu pensei como é que eu vivo assim, me deu vontade de vender o apartamento e comprar uma casa para mim e o J. (marido) e um apartamento para minha mãe. Eu comecei a perceber que eu fiquei grosseira com a minha mãe. Meu Deus, é um trio! Eu preciso ficar mais calma para pensar, mas dentro de mim é uma coisa que eu quero fazer".

Algum tempo depois, percebo que Cláudia conseguiu avançar um pouco na elaboração de sua conflitiva edípica. Numa determinada sessão, me comunica:

"Me senti tão diferente, parecia um dia diferente, com uma coisa nova. Consegui falar com minha mãe sobre morarmos em duas casas, foi muito duro. Ela achou que eu estava mandando ela embora. Me veio uma sensação estranha... nos cinco primeiros anos de casamento, eu vivi em três!! O J. (marido) poder andar pelado pela casa, eu andar pelada e ela, também. As pessoas falam: 'que bom que ela mora com você; quando você tiver um filho, ela pode tomar conta do bebê.' Mas eu pensei naquele filme de terror A *mão que balança o berço* (é um filme de terror em que a babá quer substituir a mãe, inclusive, dá de mamar para o bebê). Eu pensei: ah! se eu não estivesse casada, seria mais fácil, mas estou e, tendo minha mãe morando junto, é útil... ela segura os ossos, no domingo eu posso ficar tranquila, estudando."

Embora este fragmento revele uma certa evolução de Cláudia no sentido de individuar-se, de separar-se da mãe, de assumir-se como companheira do marido, preservando sua intimidade com ele da interferência materna, mostra-se ainda muito dividida: por um lado, poderia se sentir protegida por uma mãe-avó que ajudaria no cuidado com o filho e, por outro, sente-se ameaçada de ter seu filho "roubado" por esta mesma mãe.

Depois de algumas tentativas frustradas de engravidar naturalmente, Cláudia resolve recorrer a vários tratamentos. Numa sessão, chega contando todos os procedimentos a que teve que se submeter. É curioso como o filho parece ser mais uma aquisição, como apartamento, carro... É tratado como um negócio, contratado e calculado.

Assumir a condição feminina no sentido de renunciar a ter o *"phalus"* e reconhecer sua incompletude ainda é fonte de muita angústia para Cláudia. Valorizar os homens e integrar vida profissional e vida pessoal ainda requer dela muita elaboração, despertando uma vivência de desamparo e de solidão.

Dois sonhos são ilustrativos a esse respeito:

Primeiro sonho: "eu estava com um moço, e estava com muita raiva dele e joguei-o no rio e ele morreu. E, pasme, ele era seu irmão! Você foi pegar ele no rio e também morreu. Eu fiquei com uma culpa horrível! Agora parece o sentimento de quando fiz o aborto. Depois o J. (marido) foi atropelado e também morreu. Eu vi, e não fiz nada, fui para uma reunião de trabalho. Depois voltei e pensei: agora eu tenho que pensar no enterro do J. (marido), como vou falar para as irmãs dele? E também não tenho para quem contar, porque a Yeda também morreu".

Segundo sonho: "foi na sexta ou sábado: eu estava fazendo um trabalho na firma com meus colegas... e depois vieram mais alguns colegas do mestrado. Eles pediram se podiam assistir à minha palestra; eu deixei e depois me senti mal, porque os colegas da minha firma não gostaram. Disso eu consegui fazer uma relação; a gente falou tanto disso, de eu não conseguir ter os dois juntos (firma e mestrado); depois que eu voltei para fazer o enterro, pensei: puxa, eu fiquei viúva, que raiva que ele foi morrer, nem deu para a gente ter um filho".

A raiva que Cláudia experimentou foi a de perder um pênis, infelizmente necessário. Não me pareceu que estivesse em jogo um genuíno sentimento de pesar pela perda do companheiro. Chamou-me também a atenção, a violência dirigida aos homens neste sonho. Chamou-me igualmente a atenção a função psíquica que eu desempenho para ela: fazê-la pensar e conversar com ela. A impressão que me deu é que Cláudia mantém "relações de uso": do marido, precisa do pênis; e de mim, da mente: "E também não tenho para quem contar, porque a Yeda também morreu". Apesar de sentir a minha falta, pareceu-me que sua relação comigo era destituída de afeto.

Depois de tentativas frustradas, Cláudia resolveu fazer inseminação artificial. Procurou vários médicos e optou por uma médica. Foi muito angustiante todo o processo, mas finalmente deu certo. Calculou a data para o bebê poder nascer sem atrapalhar o mestrado. Ficou grávida na primeira inseminação, teve uma gravidez muito boa, apesar de ter tido sangramento e ter tido que se licenciar do trabalho, o que achou ótimo, pois pôde se dedicar aos estudos; conseguiu tudo como tinha planejado. Acabou as matérias e começou a dissertação antes do parto. Depois teve mais seis meses de licença, tendo ficado ao todo quase um ano sem trabalhar, mas sem prejuízo financeiro. Amamentou seis meses e, quando voltou a trabalhar, diminuiu para três mamadas. Como o trabalho é do lado da casa dela, pode ir dar de mamar na hora do almoço. Conseguiu a qualificação e agora está no final da dissertação. Ficou muito feliz em ser mãe e se ocupou muito do J.V. (filho). Foi difícil voltar para o trabalho, a separação do bebê foi muito dura. Fica com ciúmes da babá e tem fantasias de que o filho não a reconhece, que gosta mais da babá do que dela.

Iniciamos a análise com duas sessões semanais, depois de um ano, passamos para três, depois de seis meses, para quatro, e ficamos com as quatro, durante doze anos; depois, passamos para três. Depois que voltou a trabalhar após o nascimento do filho, combinamos de passar para uma vez por semana.

O fragmento de sessão que transcrevo a seguir apresenta, a meu ver, uma Cláudia menos onipotente, menos voraz, e mais em contato com sentimentos amorosos. A maternidade parece ter sido uma experiência humanizadora para Cláudia, que se tornou mais flexível e maleável. Disse:

"Tem uma vaga na firma no segmento de atendimento aos clientes VIPS; eu podia ganhar mais mil reais, mas eu não quis, por incrível que pareça. A chefe tem uma filha na faculdade e só sai do trabalho às dez horas da noite para pegá-la; mas o meu filho ainda é muito pequeno, só quer ficar comigo e faz gracinhas quando me vê chegar; ele não está na faculdade! Acorda, Cláudia, sai dessa vida! (é uma expressão que Cláudia usa muito, quando está "cheia" de uma situação). Ofereceram-me para dar aula na faculdade, pensei no Carnaval e também não aceitei".

Comunico que parece estar pondo mais limites para si mesma.

Cláudia comenta: "É irônico, porque o J. (marido) e a mãe ficaram me falando: 'pega o trabalho, pega o trabalho, você vai ganhar mais'".

Na verdade, penso que Cláudia está redimensionando o significado do trabalho em sua vida e, diante do conflito, optou por uma saída menos onipotente. Seu processo de humanização tem revelado uma Cláudia mais vulnerável e sujeita a experimentar sentimentos que antes negava, como medo, por exemplo.

Considerações

Identifico alguns ganhos significativos no processo analítico de Cláudia. Tornou-se uma profissional extremamente bem-sucedida. Abandonou suas ambições messiânicas, no sentido de querer transformar o marido em alguém que ele não é, deixando de pressioná-lo e podendo usufruir dos aspectos positivos da relação que com ele mantém. Aceita melhor a realidade de sua vida e passou a responsabilizar-se pelas opções que fez, no contexto de sua novela familiar. Durante muito tempo debateu-se com a dependência que sentia ter em relação à mãe. Nesse sentido, a análise ajudou-a, na medida em que Cláudia pôde redimensionar a situação e perceber que o fato de morar com a mãe não implica, necessariamente, falta de crescimento. Desta forma, passou a poder perceber o quanto se beneficiava desta situação e a encará-la com mais realismo. Acredito, no entanto, que um dos maiores ganhos que obteve da análise foi o de ter podido tornar-se grata a suas qualidades.

Tal como Beatriz, Cláudia desenvolveu ao longo deste processo, a capacidade de pensar e de simbolizar; percebo-a menos cindida e mais integrada. A identificação projetiva não é mais tão presente em seu funcionamento psíquico enquanto mecanismo de defesa, tendo sido substituída por repressão. Cláudia revela hoje um maior contato com a realidade interna e externa e seus objetos se apresentam predominantemente como objetos totais.

Após tantos anos de trabalho, acredito que Cláudia possa estar preparada para passar a ter o que chamei de "consultas analíticas". Na verdade, acredito que isto já está ocorrendo, desde que passamos a ter um único encontro semanal; dentro em breve, poderemos passar para sessões quinzenais e, um pouco mais para frente, para consultas mensais. Creio que Cláudia já introjetou um "bom objeto analítico" e tem condições de "tocar" sua vida sem análise. Uma vez internalizado o bom objeto, que passa a desempenhar uma função analítica interna, o analisando está pronto para ir embora.

Caso D — *análise interminável*

Trata-se de uma analisanda (Dora) que, segundo o meu ponto de vista, dificilmente poderá prescindir de uma análise. Parece não ter condições de viver sem um acompanhamento. Sua organização psíquica é precária e os recursos que apresenta mostram-se pouco promissores.

Veio de uma análise de nove anos, que foi interrompida pela analista, por motivos de força maior que, na ocasião, lhe foram revelados. Pareceu-me que, nesta análise, estabeleceu uma relação parasitária com a analista (recorro aqui ao modelo de Bion, 1970). Neste tipo de relação, o parasita é vítima da dependência: sua sobrevivência depende de ele manter-se ligado ao hospedeiro. Num tal tipo de vínculo, a separação é vivida como uma ameaça de caos absoluto. O desfecho desta primeira análise foi dramático, e resultou num profundo sofrimento para a analisanda que, ao me procurar, parecia bastante deprimida.

Tendo feito sua ex-analista depositária de um ideal de ego tirânico, Dora passara a sentir-se por ela tiranizada e, ao mesmo tempo, despojada de qualquer qualidade. A analisanda não se sentia tiranizada por suas próprias necessidades e, sim, pela própria analista, que fora revestida de atributos extremamente idealizadores. Essa vivência emocional assemelhava-se à vivência de uma paixão avassaladora.

Um tal ideal de ego ficava sempre aquém das expectativas de Dora. Quando a assimilação e a introjeção do objeto tornam-se impossíveis, a pessoa passa a não vislumbrar outra saída a não ser matar seu objeto de amor/ódio. Dora contou-me que mais de uma vez havia pensado em matar sua ex-analista. Sonhava acordada que, de manhã, ao abrir o jornal, encontraria publicada a notícia de sua morte.

T. (ex-analista) funcionava para Dora, como diria Bion, como um objeto tantalizador, profundamente sedutor, mas sempre inacessível. Acredito que comigo vem ocorrendo um processo muito diferente do que o que ocorreu em sua análise anterior.

Dora é uma moça de 36 anos, casada, que trabalha e tem dois filhos, mas parece uma criança, que precisa permanentemente que alguém tome conta dela: "Quando você não está, eu só faço cagadas". Mesmo quando tiro férias, consegue me localizar onde quer que eu esteja e me telefona para falar não importa o quê — tendo a achar que é só para ouvir a minha voz e saber se ainda estou viva. Parece não ter a menor noção de perigo, e faz uma "atuação" (*acting out*) após a outra. Vive intensamente sua sexualidade, envolvendo-se com os mais diversos parceiros, expondo-se a grandes riscos. Nestas situações, é como se entrasse em curto-circuito e perdesse completamente a noção da realidade. Dora se automedica e faz uso de remédios fortes, tanto para dormir, como para emagrecer.

Em determinadas fases, gasta uma fortuna em roupas, vai ao cabeleireiro diariamente e se submete a tudo quanto é tratamento de beleza. Seu olhar é denunciador quando está nessas fases; é um olhar meio longínquo, inexpressivo: parece que está me olhando mas não me enxerga, como se seu olhar me atravessasse. Em outras fases, fica muito deprimida, só saindo da cama para vir à análise. Ela se dá conta disso e me diz: "Eu sei que sou completamente louca; se não fosse a análise, já teria me matado". A relação com a analista anterior foi pautada por grande turbulência. "Mas ela até que foi boa para mim, senão eu estaria até hoje com o F", comenta. F. foi o primeiro analista, anterior a T. (ex-analista), com quem Dora mantinha relações muito íntimas e a quem chegou a emprestar dinheiro. Dora é uma pessoa muito comprometida psiquicamente, segundo meu ponto de vista e minha experiência com ela. Apresenta uma acentuada cisão, quase como se tivesse duas personalidades. Sinto que o que a segura mais ou menos e lhe possibilita manter uma convivência familiar e social é a análise. Vem quatro vezes por semana, não falta nunca, chega sempre meia hora antes do seu horário, e é rara a semana em que não pede a quinta sessão.

Na primeira entrevista, realizada há sete anos, havia declarado sentir-se totalmente abandonada pela ex-analista. Tinha ido, por indicação dela, a um outro analista, de quem não gostou. Diz: "Você sabe, homem não entende a gente, não posso mostrar para ele a minha plástica do peito; não que eu vá te mostrar, mas eles não entendem". Disse-me achar que não poderia fazer análise comigo, porque a ex-analista já havia dado o meu nome para sua melhor amiga, de tal forma que estava vindo apenas para "conversar" uma só vez. Mostrou-se, desde o primeiro momento, relutante em comprometer-se. Aos poucos, fui percebendo que o único compromisso que Dora nunca deixou de "honrar" foi a análise. No entanto, nesta primeira conversa, ela também me fez saber que tinha uma histerectomia marcada, que exigiria dela um repouso de um mês antes e outro depois da cirurgia. Falou muito mal da ex-analista, parecia estar falando de um amante do qual levara o "fora". Suas palavras expressavam um misto de amor e ódio. Diz: "Não me conformo. Como alguém pode me abandonar assim?"

Traz vários assuntos prontos para tratar. Diz: "Eu queria falar disso" e fala, mas, no meio, se perde e, muito excitada, vai trocando de assunto; depois acrescenta: "Eu também vim aqui para falar disso etc..." Desde esta primeira "entrevista", não parou mais de vir. No começo, tive de adotar uma postura flexível em relação ao agendamento de horários, pois não tínhamos um horário muito certo, íamos marcando de uma sessão para a outra. Inicialmente combinamos dois horários por semana, depois passamos para três e, logo depois, para as quatro sessões semanais.

As sessões que relato a seguir são de um ano depois desta entrevista inicial.

Fala muito mal dela mesma. Nas primeiras sessões, fala muito de doenças, e de seu problema hormonal. Havia voltado ao médico e, como a taxa de hormônios tinha baixado bastante, a cirurgia havia se tornado desnecessária. "Nem fiquei tão contente; é estranho, eu deveria, você não acha? Nada mais mexe comigo, eu estou completamente indiferente. O R. (marido) me ligou para contar que fez um 'puta' negócio e eu nem liguei... eu sou completamente louca, 'pirada', você não sabe o que eu fiz com meu filho!" Conta vários episódios em que deixava o filho para ir se encontrar com o antigo terapeuta. Ao mesmo tempo comentava: "Nisso, eu tenho que reconhecer. A T. (ex-analista) me ajudou muito, e eu consegui sair daquela relação louca".

Chega sempre antes do horário. Numa determinada sessão, entra e logo diz: "Aqui é bom, a gente pode se esconder, aqui ninguém te acha". Não deita; desde o começo me disse que nunca mais iria conseguir deitar num divã, porque teria a impressão de que ainda estava na análise anterior. "Preciso te falar uma coisa: ... pensei... eu acho que estou recebendo 'alimento' aqui, eu gosto do seu consultório, eu estou me sentindo bem pela primeira vez desde que saí da T. (ex-analista), você está me alimentando". Fala tudo isso muito rápido e fica sem graça, reparo que está um pouco ruborizada e digo: "Parece que está mais contente comigo..."

Dora logo responde: "É. Fiquei pensando que, quando eu te disse outro dia que você tinha falado com a T. (ex-analista) sobre mim, se você tivesse reagido como ela reagia, eu iria embora". Conta vários episódios de brigas com a ex-analista. "Ela ficava brava, eu dizia as piores para ela e ela, às vezes, saía do sério, coitada!"

Dora tinha uma desconfiança enorme de que eu conversava com a ex-analista a seu respeito. Perguntou-me inúmeras vezes se eu tinha falado com ela e eu respondia que não. Na "vinheta" acima transcrita, referia-se a uma sessão em que afirmava ter certeza de que eu teria conversado com ela. Falou em tom "bravo": "eu tenho certeza que você fala com ela, porque, senão, como você me falou que..." (não me lembro de que assunto se tratava; na visão dela, eu só poderia ter feito aquela interpretação se tivesse me comunicado com a sua ex-analista).

Nunca me alterei com Dora, mesmo quando ela se alterava comigo, e isto não representava muito esforço para mim, pois eu a via como uma criança pequena sendo malcriada com a mãe-analista, e não me importava. Pelo que ela contava (penso que devia ter muito exagero no seu relato), a ex-analista berrava com ela, quando não concordavam sobre algum assunto e era a isso que ela estava se referindo; que se eu tivesse reagido como a ex-analista, ela teria ido embora. Aliás, acredito que Dora ficou em análise comigo exatamente por isso: por eu não funcionar como uma depositária adequada para as suas projeções e, dessa maneira, não ter êxito nas identificações projetivas que fazia comigo. Parecia estar sempre esperando uma reação minha a suas agressões mas, como eu nunca correspondia a suas expectativas neste sentido, acredito que isso a tranquilizava. Lembro-me do ditado popular: "Quando um não quer, dois não brigam".

Frequentemente Dora pedia um horário extra, alegando um bom motivo para fazê-lo. Numa ocasião, procurou a ex-analista com quem, segundo ela, conversou muito rapidamente e a quem "confessou" que falava muito mal dela na sua nova análise. Depois desse encontro, me disse: "Fiquei muito mal depois que saí daqui... que bom que você pôde me atender hoje! Chorei sem parar ontem, eu fico muito mal de falar mal da T. (ex-analista) e também pensei que, quando eu falei com ela dois minutos, quando eu fui no consultório dela, que já não era mais consultório, e disse que eu queria falar mal dela mas não conseguia, ela me disse: 'mas é bom que você fale, senão vai ficar tudo entalado dentro de você...' Aí eu penso que talvez eu continue obedecendo a ela... depois eu penso que você é amiga dela e eu falo mal dela..."

Comentei com Dora que, quando ela me falava da T. (ex-analista), eu pensava no que ela representava e ainda representa para ela, e não na minha colega, e em como estava difícil para ela se sentir abandonada. "Você está de luto. Nove anos de análise não dá para esquecer de um dia para o outro, ainda mais que não foi uma decisão que tomaram juntas. Seria estranho se você não sentisse nada, não acha?"

É como se Dora funcionasse como uma criança pequena que precisasse de um adulto que discriminasse e legitimasse os seus sentimentos, autorizando-a a viver determinadas experiências emocionais. Uma das funções do analista é verbalizar para o analisando, as emoções que ele mesmo não consegue nomear.

Dora fica um pouco pensativa... mas parece concordar com o que digo.

Numa outra sessão fala sobre seu pai. Ele a convidara para trabalharem juntos e ela havia aceito, mas, segundo disse, nunca conseguia falar nada para o pai; ele mudava de ideia sem parar e a deixava "na mão". "Outro dia ele me perguntou se eu queria tomar conta do período da manhã e eu aceitei, eu nem penso, quando ele pede uma coisa, se eu quero fazer ou não, já digo 'sim' de cara. Agora, ontem ele me telefona e diz que vai pedir demissão, que não aguenta mais trabalhar... E eu? Como vou ficar? Já estou contratando pessoas para o ano que vem... Se ele sair, eu tenho que sair junto... e não tenho coragem de perguntar nada... igual como fazia com a T. (ex--analista), quando ela trocava todos os horários ... Eu cheguei a ir lá às sete horas da manhã. E eu moro longe, acordava às 5:30 horas da manhã..."

Dora tem uma profunda admiração pelo pai; se dá melhor com ele do que com a mãe, mas a relação com os dois, na minha maneira de ver, é bastante formal e cerimoniosa. A mãe sempre protegeu muito o pai. Segundo Dora, a mãe sempre falava: "Não pode falar com seu pai agora, ele está descansando e, se alguém o incomodar, pode ter um enfarte", "desde pequena me lembro disso... até que um dia ele teve mesmo um enfarte e fez quatro pontes de safena... aí é que não deu mesmo para falar mais com ele".

Mantém com a mãe uma relação muito distante. "Me dou bem com a minha mãe porque não falo nada para ela. Nem dá, minhas irmãs são tão loucas e têm tantos problemas, que não dá tempo. Para você ter uma ideia, ela (mãe) passa mal, vai para o hospital, se interna, fica lá três dias, e nem me conta... Quando eu pergunto e falo que não gostei, porque ela me esconde que está doente, ela responde: 'eu não quero dar trabalho para ninguém'. Eu sempre observei como as minhas irmãs faziam e eu me comportava de uma maneira completamente diferente; mas era falso, não era eu. A minha mãe até hoje fala para o meu marido: 'Ah, como a Dora era boazinha! Ela nunca me deu trabalho'. Era nada, eu era uma peste, só que ela não sabia, eu fazia tudo escondido; eu nunca dei trabalho para a minha mãe, porque eu via o que acontecia com minhas irmãs: iam de castigo, não podiam sair... Então, eu fazia tudo o que queria, mas por baixo do pano. A única filha com quem a minha mãe não se preocupa sou eu, ela sempre diz isso para todo mundo".

Através dessas falas Dora parece denunciar a clivagem entre seus sentimentos verdadeiros e o que "podia" expressar junto aos pais. Possivelmente, Dora não os experimentava como objetos continentes para suas angústias e, de alguma maneira, parecia que precisava "pisar em ovos" para lidar com eles. O infarto do pai parece ter vindo confirmar sua fantasia onipotente de poder de destruição. Neste sentido, acredito que as brigas com a ex-analista foram muito saudáveis para o desenvolvimento emocional de Dora.

Sinto que nutre uma profunda mágoa, um grande ressentimento em relação à mãe: reclama que esta nunca tem tempo para ela, só para as irmãs e para o irmão que, segundo Dora, é o querido da mãe. Ela é a segunda filha de quatro irmãos. Atribuo a turbulência que caracterizou sua relação com sua ex-analista, ao fato de esta ter representado para Dora "a mãe que gostaria de ter tido", alguém que a acolheu e durante nove anos a ela se dedicou e com quem pôde brigar e ser agressiva como nunca havia podido fazer com a própria mãe.

Seus pais parecem um casal muito feliz; sua mãe parece, no entanto, ter sido mais companheira do pai do que mãe dos filhos. Talvez isso tenha contribuído para reforçar suas fantasias infantis de exclusão. Os dois viajam muito; segundo Dora, eles não gostam de receber em casa, tanto que é na casa dela, Dora, que a família se reúne no Natal, na Páscoa, no Dia das Mães, e em outras ocasiões festivas. De alguma maneira, assim como Dora se colocava na posição de objeto provedor para a ex-analista, assim também o fazia com sua família.

Conta, cada vez mais, coisas terríveis sobre ela, sobre seu filho e o comportamento deste. Às vezes, penso que é para me chocar, mas em seguida me dou conta de que aos poucos ela está se mostrando como é, ou melhor, como se vê. Relata uma ocasião em que o filho "jogou tudo fora do armário" (como ela às vezes faz), não quis sair, e disse que quer mudar de casa porque detesta essa, e que quer se matar (tem onze anos). "Eu também já pensei em me matar algumas vezes", comenta.

Por um lado, podemos observar que Dora sente o espaço da análise como um lugar em que ela pode se mostrar como de fato é. Por outro, segundo Bion (1970), uma das grandes dores do ser humano é perceber que cresceu e que tem que tomar conta de si mesmo. É uma queixa fundamental de todo ser humano: crescer e ser abandonado. Estaria aí a origem da transferência negativa: "me deram o leite e me largaram". Parece-me que Dora não suporta ter ficado adulta, e reclama de ter sido "abandonada" à própria sorte.

Suas relações são passionais e primitivas, caracterizadas por muita impulsividade e ambivalência; o quadro sugere a presença de fortes componentes melancólicos. Às fases de hiperatividade sucedem-se fases de depressão, durante as quais, conforme comentei, Dora só sai da cama para vir à análise. Ela se mostra obcecada pela ideia de que a nossa mente é infalível, como uma máquina. O que torna a mente melhor que a máquina é exatamente isto: ela é infalível. O que eu me lembro é diferente do que ela se lembra. Várias vezes aconteceu esse tipo de situação: ela me dizia que o que eu estava dizendo nunca tinha acontecido: "minha memória", argumentava, "é infalível". Disse-lhe numa ocasião: "É um mérito ter a memória *falível*. É um distúrbio neurológico não poder dormir, não poder esquecer nada. O analista é um profissional para trabalhar com isso. A sua necessidade de não poder esquecer é uma fonte de aflição para você". Esta necessidade de não falhar nunca ficava muito evidente, quando Dora me mostrava o interior de sua bolsa, onde não faltava absolutamente nada, desde uma minilanterna até um par de meias sobressalentes.

Após essa interpretação, Dora me olha de um jeito muito distante, e não é a primeira vez que isso ocorre, como já disse mais acima. Parece que está muito longe, não escutando nada do que eu estou falando. Mas depois percebo que escutou, por alguma observação que faz a respeito do que eu disse. Às vezes, principalmente quando entra, seu olhar me chama muito a atenção: parece meio perdido, meio parado, assustador; como se de repente Dora se ausentasse completamente e se deixasse absorver por um mundo só seu.

Essa questão da falta de contato, do olhar alheio, das situações em que não me senti ouvida, lembra-me uma citação de Gilles Deleuze: "*Às vezes o mais interessante na vida das pessoas são as ausências, os tempos mortos. Às vezes são momentos dramáticos, mas muitas vezes não. Como instantes de catalepsia, talvez seja nesses buracos de tempo que o movimento aconteça"*[2].

Três anos depois de iniciada a análise, relata um sonho em que, pela primeira vez, eu apareço junto com sua ex-analista. Estava comprando um presente para ela, quando a viu de longe; então, não teve tempo de comprar, porque poderia perdê-la de vista. Resolveu sair da loja e ficou a procurá-la. Não a acha e aí vê o carro dela, mas ela não está; de repente T. (ex-analista) chega e lhe diz que não tem tempo de falar com ela, porque está conversando com a Yeda Crusius (ex-ministra). Dora fica muito aflita. Pergunto se ela fez alguma associação e ela diz que não. Eu disse que achava que o sonho mostrava o medo que ela tinha de que eu e a ex-analista conversássemos sobre ela e que, além disso, se sentia excluída da nossa relação.

Dora responde: "É, eu acho que é isso mesmo, eu estou sempre desconfiando que você conversa com ela e fala tudo de mim".

E eu acrescento: "Eu acho que, no fundo, é o que você gostaria que acontecesse".

Estava no final da sessão, mas percebi que Dora não ficou muito satisfeita com o que eu disse. Entretanto, penso que minha intervenção fez muito sentido e representou um momento importante da análise. Primeiro, porque, de alguma maneira, ela me coloca em algum lugar importante, como se finalmente eu deixasse de ser a analista-substituta e também porque, de

---

[2] Apud Walter Salles, *Folha Ilustrada*, 2002.

repente, me dei conta do seu desejo infantil de contar com uma "dupla parental" que dela se ocupasse e com ela se preocupasse.

Um ano depois, no final de uma sessão, Dora me comunicou que queria fazer uma pergunta, não para criticar, mas porque queria realmente saber como eu trabalhava. Eu respondi que conversaríamos na quinta feira (próxima sessão), mas acrescentei que o modo como eu trabalhava era aquele que ela vivia comigo ali na experiência, não tinha nada oculto. Penso que, ao dar esta resposta, não só coloquei um limite para Dora, evitando que se repetisse comigo um círculo vicioso de telefonemas e agendamentos de sessões extras sem fim, que Dora me relatava ter mantido durante muito tempo com sua ex-analista. Acredito que, ao mesmo tempo em que zelei pela manutenção do *setting*, depositei um voto de confiança em sua capacidade de tolerar o adiamento da gratificação de seu desejo.

A fala de Dora que se seguiu à minha resposta parece confirmar a ideia acima. Disse-me ela: "Porque, quando acontecia isso na T. (ex-analista), ela sempre perguntava se eu queria um horário extra. Eu fiquei pior depois que fiz a pergunta para você, mas depois foi melhor, não quero repetir aquela situação horrível de ficar ligando todo dia e indo em horas extras. Ela me falou uma coisa, no final da análise, que me machucou muito. Eu não queria parar a análise e ela me recomendou o B. (um analista). Eu falei que não iria fazer mais análise com ninguém, e perguntei se ela achava que eu precisava. Ela me respondeu: você precisa fazer análise todos os dias, seis vezes por semana!"

As queixas em relação à T. (ex-analista) foram diminuindo, apesar de que ela ainda tenta falar com ela e lhe telefona. Quando eu saio de férias, ela começa a ligar para a T. (ex-analista) sem parar e, quando eu volto, não me conta na hora, só o faz depois de uns dias e sempre no final da sessão. É um fato curioso, que me chama a atenção: todos os assuntos que são importantes para ela ou a angustiam, ela só conta nos últimos minutos da sessão. Já conversei sobre isso com ela, acredito que é para eu não ter tempo de interpretar nada, escuto e fico com aquilo entalado, sem resposta. Sinto-me como um acusado que não tem direito à resposta, e a ela, como alguém que joga uma bomba e sai correndo, para não ver as consequências do seu ato. Talvez Dora intuitivamente se dê conta de sua incontinência e isto a deixa constrangida.

A análise tem caminhado bem: Dora está muito menos ansiosa, me escuta mais, me leva mais em consideração, me vê. Acho que antes ela nem percebia que tinha trocado de analista, passava grande parte do tempo falando mal de T. (ex-analista) sem me ver, como se ainda estivesse conversando com ela. Mas, aos poucos, foi fazendo um vínculo comigo, o que me custou uma grande dose de tolerância e paciência, mas acredito, como já disse, que ela tenha uma estrutura psíquica precária.

Dora sempre tem uma vítima na mira: um "perseguidor" que ela precisa combater ou alguém que, sob pretexto de estar perdidamente apaixonada por esta pessoa, persegue enlouquecedoramente. Na minha maneira de ver, sua mente tem de estar sempre totalmente ocupada com alguma grande "causa": nestas situações ela fica "tomada", não consegue pensar em outra coisa. Por exemplo, como fez com um supervisor da empresa em que trabalha, a quem demitiu sumariamente por um motivo irrelevante. E é assim com várias pessoas: com o tintureiro que estraga a blusa, com agências de empregada, com amigas, com profissionais — qualquer deslize que cometam, qualquer coisa que a desagrade, leva-a a dispensá-los na hora; eles nem ficam sabendo por quê! Sinto que esse seu movimento funciona como uma defesa contra a depressão.

Dora parece uma atriz. Aliás, fez aulas de teatro antes de casar: fala de um jeito doce, mas firme; isso me lembra o que ela contava a respeito da sua atitude dissimulada para com seus pais. É como se seu convívio com sua família já tivesse funcionado como escola de teatro, antes mesmo de ela, efetivamente, frequentar o curso de teatro.

Dora parece muito competente no que faz, é muito organizada, uma boa profissional. Toma conta de uma grande área da empresa em que trabalha e lida com muitos profissionais, contratando-os e organizando o organograma da empresa, e nisso ela é ótima. Toda esta competência é por ela atribuída à sua "mente infalível" e acaba alimentando sua fantasia de tudo poder e tudo controlar.

Finalmente, um dia me confessa que, quando veio me procurar, era só para se livrar de sua ex-analista, porque eu era colega dela e, assim, ficaria mais perto da mesma. Os sentimentos expressos são profundamente ambivalentes, paradoxais. Numa ocasião confessa, constrangida, que está apaixonada por mim, fica sem graça. Isto não é comum em Dora, intimidar-se. É muito briguenta, fala palavras chulas, e é raro ficar embaraçada. Acho que foi a primeira vez que verbalizou, de forma mais direta, um sentimento seu em relação à minha pessoa. Diz que passou muito mal, que não conseguiu dormir de noite, mas que foi bom ela conseguir falar, embora tenha sentido muito medo, porque voltou o que ela sentia quando estava com a T. (ex-analista): uma sensação muito desagradável. "Eu me sinto inquieta, desassossegada, não consigo dormir, fazia tempo que eu não tomava calmante, tive de tomar. Eu não quero mais sentir isso, fiquei com muito medo de começar tudo de novo".

Pergunto-lhe: "O que é começar tudo de novo"? E acrescento: "Primeiro, aqui é uma outra relação, não sei se você pode começar de novo, pode começar *outra* relação".

Tentei ajudá-la a discriminar os sentimentos que ela experimentava, mostrando que estava vivendo uma situação nova e que não, necessariamente, teria que reescrever a mesma história. Ao que Dora responde: "Eu tenho vontade de ficar arrancando coisas de mim, que não sei o que são. Eu não quero mais sentir isso. Eu estava me sentindo tão bem e agora está voltando essa sensação tão desagradável".

Dora tem medo de que o objeto não contenha o seu impulso, o que, acredito, deve ser uma característica da experiência dela e de sua história de vida, e essa situação a faz se sentir bastante desconfortável, trazendo-lhe muito sofrimento.

Já fez todos os regimes possíveis e imagináveis e já consultou os mais diferentes endocrinologistas. Relata que, às vezes, à noite, é capaz de devorar uma caixa de chocolate inteira. Reflito sobre o significado desse comportamento compulsivo e concluo que é uma espécie de adição: da mesma forma que gruda nas pessoas, se vicia em chocolate. Isso revela a sua dificuldade, já comentada, de conter seus impulsos. A meu ver, Dora é uma "drogadita" em potencial. Esse é, eu acredito, o ponto mais essencial: era "viciada" na ex-analista, como está agora em chocolate. Não tem capacidade emocional de lidar com esse problema do "vício mental". Ela se "curou", como certos alcoólicos que mudam de bebida ou alguns aditos que mudam de droga; então, eu fiquei no lugar: quando não estou, ela descompensa e liga para a T.(ex-analista), seu "vício" antigo. Suas paixões incluem também atividades nas quais ela mergulha de cabeça e subitamente abandona, tais como, cursos de culinária, aulas de ginástica, e assim por diante.

Dora é muito generosa, dá ótimos presentes para toda a família e para mim também; às vezes, fico na dúvida se isto revela uma qualidade dela, ou se tem a ver com uma compulsão consumista. Aí já não seria uma qualidade, na medida em que ela se tornaria perdulária. Por outro lado, pode ser conveniente, e estar associado a uma expressão narcísica, o seu egocentrismo. Porque Dora não se ocupa em avaliar se o outro gosta ou não — só vê o que ela própria gosta, passando a achar que o outro também gostará. Se usarmos a teoria kleiniana, seria uma identificação com o ego dela, uma manifestação maníaca. Ela ficou prisioneira dessa necessidade de ser o seio inesgotável, um objeto ilimitadamente provedor, ao mesmo tempo em que é também uma boca insaciável.

Se a análise puder se desenvolver, acho que o que se desenvolverá será sua capacidade de conter um pouco dessa ambivalência (amor e ódio) em relação ao objeto. Acredito que seja difícil mudar sua natureza compulsiva; penso no entanto que, desenvolvendo maior continência, Dora será capaz de lidar de uma forma diferente com seus impulsos. Tem o hábito de ligar no consultório e me deixar recados os mais diversos. Às vezes, sai da sessão e já começa a me ligar do celular. Acredito que isso tem a ver com a formulação de Bion (1970) a respeito do recurso à identificação projetiva como forma de comunicação: "*A paciente leva o analista (ou outro objeto externo) a compreender o que ele sente, fazendo-o passar pela experiência que o próprio paciente sofre*". Trata-se de uma ideia também desenvolvida por Herbert Rosenfeld.

Quanto sofrimento! Dora não percebe que sua dor é interna; embora seus familiares sofram no convívio com ela, todos têm seus afazeres; quanto a mim, vejo-a quatro horas por semana. Mas ela está com ela mesma vinte e quatro horas por dia, eu imagino o tormento em que vive. Recordo-me das palavras de Bion (1970):

> Os pacientes, para cujo tratamento desejo formular teorias, experimentam dor, mas não sofrimento. Podem sofrer aos olhos do analista porque este pode e realmente deve, sofrer. O paciente dirá que sofre, mas isto é apenas porque não sabe

o que é sofrer e confunde sentir dor e sofrê-la. A teoria terá de ser tal que represente a realização na qual isto é possível e mostre como se dá. A intensidade da dor do paciente contribui para seu medo de sofrê-la. [...] Sofrer dor envolve consideração ao fato da dor, sua ou de outrem. Esta consideração ele não tem e, portanto, não tem consideração alguma, também, por qualquer procedimento, tal como psicanálise, relacionado à existência da dor. [...] Frustração e dor intensa são equiparadas.

Dora é uma pessoa muito observadora, nota os mínimos detalhes. No meu consultório faz a mesma coisa: sabe como funciona tudo, sabe de todos os outros pacientes, lhes dá apelidos. Conhece a secretária, o guarda, os vizinhos. Sempre me dá sugestões de mudanças que eu deveria fazer no banheiro, na sala de espera, no jardim, no espaço para estacionar os carros, "para ficar melhor", segundo ela. Fala tudo isso de uma maneira delicada, mas sinto que se sente meio dona de tudo e, como conversamos várias vezes, parece que essas atitudes a fazem sentir-se bem. Tem uma fascinação por pessoas "importantes", uma vocação para "tiete". Isto aconteceu várias vezes, com personagens variados.

Chama a minha atenção o fato de que Dora aparentemente se "apaixona" indiscriminadamente por homens, mulheres, causas, sem que isso represente um envolvimento emocional verdadeiro, é tudo "fogo de palha". Nunca teve um relacionamento mais sério com alguém, é sempre tudo alucinado e, na maioria das vezes, a pessoa por quem se apaixona não percebe o que está acontecendo. Só que não se dá conta das consequências graves, dos riscos a que se expõe. Usando a terminologia de Bion, não é uma paixão, é uma alucinação, e ela mesma, depois que passa, reconhece e me diz: "Eu sei que eu sou completamente louca, corro riscos enormes, mas não adianta; quando me dá na telha, eu faço o que eu quero, ninguém me segura".

Parece que Dora não integra sua sexualidade, não a vive como algo seu. O interessante é percebermos como isso é assimilado em sua personalidade: que significado ela vai dando a esses aspectos que envolvem sua sensualidade — aspectos estes dos quais ela não se apropria como algo que faça parte de sua natureza.

Uma vez trouxe um sonho que, do meu ponto de vista, foi revelador.

Fazia algum tempo que Dora não sonhava com a ex-analista. Isto era muito comum nos primeiros anos de análise. Este que transcrevo abaixo pareceu-me esclarecedor, como se fosse, finalmente, uma despedida dela. Sonhou que estava no antigo consultório de T. (ex-analista); na sala de espera, encontrou uma antiga paciente (era uma moça que, segundo ela, quando ia ao banheiro, não fechava a torneira). Assim que viu a ex-analista, perguntou-lhe: "Todos os pacientes voltaram?" Ao que ela respondeu: "Voltaram, mas, você, eu não vou atender nunca mais." Dora me disse: "Foi estranho, mas eu me senti aliviada. Aí acordei e também me senti aliviada".

Talvez, através da fala da ex-analista, Dora tenha expressado um desejo seu de pôr fim a uma relação tão turbulenta e permeada de tanto amor e de tanto ódio, enfim, tão ambivalente. Um outro aspecto que me chamou a atenção foi a menção a essa antiga analisanda, que nunca fechava a torneira; o que me ocorreu foi uma ideia de incontinência, projetada nessa analisanda. Depois de tantos anos de análise, pareceu-me um sonho promissor.

Considerações

Avaliando retrospectivamente as experiências analíticas de Dora, penso que houve alguma evolução. Com o primeiro analista manteve uma relação perversa e promíscua; com a segunda, uma relação de extrema turbulência que, a meu ver, talvez tenha sido útil no sentido de ter uma "mãe" mais próxima a quem pôde expressar todo o seu ódio. Acredito que a função continente que ela ainda não conseguiu internalizar — e não sei se algum dia o fará — esteja sendo delegada a mim. Dora parece não poder se responsabilizar por si mesma, alimentando a expectativa de que alguém tome conta dela, de que eu a contenha.

Ao longo desses oito anos, Dora se desligou gradativamente da ex-analista, parou de falar dela. Foi um processo de luto doloroso. O vínculo que Dora fez comigo foi diferente do que o que mantinha com T. (ex-analista).

Dora é uma pessoa extremamente instável — num minuto, está bem e, no minuto seguinte, já está péssima. Vive atormentada, invadida por paixões: ora amorosas, ora de ódio; suas relações são sempre idealizadas ou persecutórias. O que mantém as atuações de Dora é, no meu entender, seu pavor de entrar em contato com a depressão que capto no seu íntimo. Parece-me que, ao atuar seus impulsos, brigando, perseguindo, mantendo relações alucinadas, Dora deixa de entrar em contato com a catástrofe que é seu mundo interno. Os psicotrópicos de que Dora faz uso indiscriminado e excessivo mascaram, aos meus olhos e aos seus próprios, a intensidade de sua depressão. Recorro a Bion e arrisco dizer que Dora vive a maior parte do tempo alucinatoriamente. Do meu ponto de vista, ela não tem (ainda?) condições de ficar sem análise. As razões que expus ao relatar esse caso levam-me a refletir sobre a analisabilidade de Dora e a interminabilidade de sua análise.

A impressão que me fica é que Dora vive sempre no limite: a adrenalina que esse tipo de comportamento faz descarregar é a mesma que a ajuda a evadir-se do contato com a depressão profunda que possivelmente a invadiria, não fossem essas vivências alucinadas e, ao mesmo tempo, tão excitantes. O que, do meu ponto de vista, a análise tem evitado é a eclosão de um surto psicótico.

Para concluir: Dora não tolera frustrações, portanto, seguindo mais uma vez o modelo de Bion, não desenvolveu ainda a capacidade de pensar e nem a função alfa. O material que traz para a análise sugere a descarga maciça e permanente de elementos beta — ao invés de simbolizar, alucina, evade-se do contato com a realidade, negando tanto a realidade interna quanto a externa que, aliás, não discrimina. Os objetos de seu mundo interno são ora persecutórios, ora idealizados e, portanto, suas relações de objeto se configuram como relações de objeto parcial. Seu mundo interno acha-se fragmentado e seu ego funciona primitiva e precariamente, ficando algumas de suas funções a cargo do analista.

Considero a possibilidade de que nós, enquanto dupla, possamos, algum dia, vir a nos tornarmos estéreis, como disse Leopoldo Nosek, mas estou convicta de que a analisanda se beneficiaria de um acompanhamento constante, ainda que por parte de outro analista. Após o relato dos quatro casos clínicos, penso que seria útil fazer algumas reflexões a respeito do critério que adotei para pensar a questão do término da análise, ou seja, a introjeção do objeto analítico. Através do exercício da função analítica pelo analista, o analisando vai, pouco a pouco, constituindo dentro de si um objeto (analítico) que, nos momentos de interrupção de contato com o analista real — objeto externo vivo (intervalo entre sessões, férias etc.), vai podendo desempenhar para ele, analisando, a função analítica inicialmente desempenhada pelo analista. Em situações de grande turbulência emocional, a função analítica incipientemente adquirida pelo analisando falha, o que dá indícios de que a internalização do objeto analítico ainda não se consolidou. Creio que algumas condições precisam ser alcançadas para que tal introjeção ocorra e para que o objeto analítico se mantenha estável como objeto interno do indivíduo.

Na minha experiência, é quando o analisando já pode fazê-lo, que se pode estabelecer entre ele e seu analista uma "conversa analítica". Pode parecer paradoxal à primeira vista ou sugerir uma certa idealização do processo analítico, como se se esperasse do analisando que ele primeiro "sarasse", para que depois pudesse analisar-se. O que tenho em mente, quando falo em criar condições para que uma verdadeira conversa analítica possa ocorrer entre a dupla, é que o analisando já tenha elaborado parte de sua "novela familiar", superado algumas das dificuldades que o trouxeram inicialmente à análise, de modo que o campo transferencial esteja menos carregado de turbulência e, portanto, menos minado.

Articulando essas ideias com conceitos kleiniano-bionianos, diria que o analisando tenha passado a recorrer menos à identificação projetiva e se tornado capaz de integrar seus objetos, impulsos e *self*. Vejo, também, como uma aquisição importante, a possibilidade de manter relações de objeto total ou, em outras palavras, que o mundo interno do analisando tenha sido repovoado de objetos, agora bons *e* maus, e não mais bons *ou* maus, ou ainda, idealizados *ou* persecutórios. Isso envolveria uma capacidade de tolerar melhor a ambivalência, sua própria e dos seus objetos. Seria desejável também que, nesse processo, o analisando tivesse desenvolvido a capacidade de reparar seus objetos, externos e internos. Em termos de pensamento simbólico, acredito que seria interessante que o analisando possa ter evoluído, de uma tendência a fazer equações simbólicas, para uma possibilidade de verdadeiramente simbolizar. Eu vincularia tal ideia, de um pensamento simbólico propriamente dito, ao desenvolvimento daquilo que Bion chamou de função alfa, o que possibilitaria ao analisando a capacidade de *revêrie*. Penso também que uma aquisição importante seria a substituição do *splitting* pela repressão, enquanto mecanismo de defesa privilegiado pelo indivíduo. Pensando em termos da teoria das posições, diria que, para uma verdadeira conversa analítica ocorrer, o analisando precisaria estar operando predominantemente numa pauta depressiva, o que não exclui eventuais oscilações entre a posição depressiva e a posição esquizoparanoide.

A introjeção do objeto analítico estaria, portanto, associada a um desenvolvimento, por parte do analisando, da parte não psicótica de sua personalidade, ou do que poderia ser chamado de uma posição neurótica, para usar a terminologia de Bion. Outra condição de desenvolvimento mental esperada neste percurso seria a possibilidade de o analisando discriminar realidade sensorialmente apreensível de realidade psíquica, e de poder contar com um "aparelho para pensar os pensamentos". Colocado desta forma, parece que estamos falando de um analisando fictício e extremamente idealizado. O que tenho em mente é que essas seriam as condições que relativamente o analisando precisaria alcançar para introjetar o objeto analítico de forma estável. Penso que é importante lembrar que a maior possibilidade de introjetar objetos está justamente ligada à elaboração da posição depressiva.

Na minha maneira de ver, os casos A, B e C preencheram, em maior ou menor grau, guardadas as diferenças individuais e respeitado o potencial de cada uma das analisandas envolvidas, as condições acima descritas, tendo todas elas sido capazes de introjetar o objeto analítico. Já o caso D envolve uma analisanda cujo desenvolvimento psíquico é bastante precário, o que a tem impedido de trilhar com sucesso o percurso acima descrito.

9.

Considerações finais

Para tudo há um tempo determinado,
sim, há um tempo para todo assunto debaixo dos céus:
tempo para nascer, e tempo para morrer;
tempo para plantar, e tempo para desarraigar o que se plantou;
tempo para matar, e tempo para curar;
tempo para derrocar, e tempo para construir;
tempo para chorar, e tempo para rir;
tempo para lamentar, e tempo para saltitar;
tempo para lançar fora pedras, e tempo para reunir as pedras;
tempo para abraçar, e tempo para manter-se longe dos abraços;
tempo para procurar, e tempo para dar por perdido;
tempo para guardar, e tempo para lançar fora;
tempo para rasgar, e tempo para costurar;
tempo para ficar quieto, e tempo para falar;
tempo para amar, e tempo para odiar;
tempo para a guerra, e tempo para a paz.
Que vantagem tem o realizador, naquilo em que trabalha arduamente?
(Eclesiastes, 3,1-9)

Freud questiona, em seu trabalho de 1937:

> [...] existe algo que se possa chamar de término de uma análise — há alguma possibilidade de levar uma análise a tal término? [...] Temos, primeiro, de decidir o que se quer dizer pela expressão ambígua 'o término de uma análise'. De um ponto de vista prático, é fácil responder. Uma análise termina quando analista e paciente deixam de encontrar-se para a sessão analítica. Isso acontece quando duas condições foram aproximadamente preenchidas: em primeiro lugar, que o paciente não mais esteja sofrendo de seus sintomas, e que tenha superado suas ansiedades e inibições; em segundo, que o analista julgue que foi tornado consciente tanto material reprimido, que foi explicada tanta coisa ininteligível, que foram vencidas tantas resistências internas, que não é o caso de temer-se uma repetição do processo patológico em apreço. Se se é impedido, por dificuldades externas, de alcançar esse objetivo, é melhor falar de análise incompleta, de preferência a análise inacabada (p. 250-1).

Minha intenção, ao escrever este livro, era refletir não apenas sobre o término de análise como processo, mas também sobre a dificuldade de desligamento entre analista e analisando. Quanto tempo deve durar uma análise? Ocorre-me a fábula de Esopo, citada por Freud em um de seus artigos sobre técnica, em que, à pergunta do Caminhante sobre quanto tempo durará a jornada, o Filósofo responde simplesmente: "Caminha!"

Freud sinaliza, através desta analogia, que existe um caminho a ser percorrido, que não se sabe o tempo que isto levará, mas existe um destino a ser atingido ao final da caminhada. Outras perguntas me vêm à mente. Existem regras, ou deveriam existir, para decidir o término de uma análise? É possível fazer análise durante muitos anos com os mesmos personagens, analisando e analista?

Acredito que uma análise termina, na verdade, quando o analisando conseguiu introjetar o objeto analítico. O analisando que não consegue desvincular-se do analista parece não ter ainda um objeto interno com o qual possa contar para exercer a função analítica. Desse modo, podemos ver a análise como um aprendizado, pelo analisando, da função analítica — o que se dá por meio da introjeção, e que favorece ao analisando poder conviver com seus aspectos infantis, sem estar ligado a um objeto externo idealizado e provedor (analista). Através da situação de troca *inter*subjetiva que a análise propicia, desenvolve-se no mundo interno do indivíduo um processo intrassubjetivo: o do exercício de uma função analítica desempenhada não mais pelo analista-objeto externo, ou seja, pela *pessoa* do analista e, sim, pelo objeto analítico introjetado.

Ao fazer essas considerações finais, creio que seria importante desvincular minha concepção de análise de qualquer viés psicopatológico. Acredito ser a análise um processo de investigação contínua do inconsciente, que visa a um maior autoconhecimento, processo este em que o indivíduo estaria continuamente sendo apresentado e reapresentado a si mesmo, e se reconhecendo sempre, naquele que lhe é novamente apresentado — implicando, portanto, o aparente paradoxo de um indivíduo ver-se outro a cada vez, guardando a noção, entretanto, de que é a mesma pessoa. Ou, como diria Winnicott (1965), mantendo a noção de continuidade do *self*. Para este autor, uma análise bem-sucedida permitiria ao analisando passar a ver como natural o sentimento de existir por si mesmo.

De acordo com Meltzer, o fim de um processo analítico bem-sucedido resulta em maior introspecção, sentido de responsabilidade obtido através de *insights*, e desenvolvimento do que ele chama de pensamento analítico. Na minha maneira de ver, isto seria o equivalente ao que chamei de "introjeção do objeto analítico" ou "desenvolvimento da função analítica".

Sob um critério psicanalítico, trata-se de verificar se o analisando pode caminhar para uma autoanálise por meio da introjeção de um objeto com essa função, com o qual o sujeito dialoga. Retomando Freud, "*a análise não terá por objetivo eliminar todas as particularidades humanas em proveito de uma normalidade esquemática* [...] *a análise deve instaurar as condições psicológicas mais favoráveis às funções do ego: isso faz com que sua tarefa seja cumprida*". Entretanto, Freud (1937) deixa em aberto a ideia de terminabilidade da análise, introduzindo a ideia de continuidade do processo, ao dizer:

> [...] contamos com que os estímulos que recebeu em sua própria análise não cessem quando esta termina, com que os processos de remodelamento do ego prossigam esponta-

neamente no indivíduo analisado, e com que se faça uso de todas as experiências subsequentes nesse recém-adquirido sentido (p. 283).

Na minha maneira de ver, ao acenar com a ideia de "processos de reorganização espontâneos" e "novo sentido adquirido", Freud nos leva a pensar que alguma transformação psíquica terá ocorrido no analisando, que lhe permita continuar, por si mesmo, a analisar-se; ou seja, alguma função egoica nele se terá instaurado, que favoreça sua autoanálise. Quando falamos de introjeção do objeto analítico, não estaremos pensando em algo semelhante? E a função alfa, mencionada por Bion, não seria o facilitador desse processo de autoanálise? Em suma, não querendo simplificar esquematicamente, mas tentando articular contribuições distintas que me parecem ter algo em comum, penso que "processos de reorganização espontâneos", "novo sentido adquirido", "introjeção de objeto analítico", e "desenvolvimento função alfa" são diferentes maneiras de identificar os fatores que favorecem o exercício da autoanálise. Poderíamos estabelecer uma analogia entre duas ideias: a da incorporação de um analista-objeto e a da introjeção do vértice analítico, ou o desenvolvimento da função analítica. Penso que a incorporação de um analista-objeto permite ao analisando separar-se de seu analista e elaborar o luto pela interrupção dos encontros analíticos. Creio que esta ideia seria compatível com o pensamento kleiniano. A ideia de introjeção do vértice ou desenvolvimento da função analítica parece-me coerente com as contribuições de Bion, que associa tal aquisição a um crescimento mental.

Parece-me oportuno, neste momento, enfatizar a diferença entre objeto analítico e função analítica. No começo de um processo analítico, é o analista-objeto externo real quem desempenha a função analítica para o analisando. Penso que, no decorrer deste processo, começa a povoar o mundo interno do analisando um objeto analítico, resultante da introjeção do objeto-analista pelo analisando; ao longo deste processo, tal objeto interno passará a desempenhar, para o analisando, a citada função analítica. No fim da análise, espera-se que o objeto analítico tenha sido introjetado de forma estável e esteja consolidada sua presença no mundo de objetos internos do analisando — situação esta em que estaria garantido o exercício da função analítica pelo próprio analisando.

Tanto Freud quanto Melanie Klein pensaram que o processo analítico ajudaria o indivíduo a dar conta de resolver conflitos e de superar impedimentos neuróticos ao seu desenvolvimento pessoal. O caminho que cada um descreve para se chegar a tanto é, sem dúvida, diferente; entretanto, ambos consideram que, além de resolver conflitos e curar neuroses, a análise teria o sentido de promover o desenvolvimento psíquico dos indivíduos.

Penso que, ao final de uma análise, cabe avaliar como o analisando se relaciona com a sua vida mental — e isso é limitado —, pois não se espera que o analisando saia inteiramente "curado". Não é essa a ideia.

O objetivo da análise é ajudar o sujeito a ganhar uma maior proximidade com a sua vida mental (é o que tenho chamado de expansão do mundo mental) e a desenvolver uma certa continência em relação a seus impulsos. Nesse sentido, a análise é interminável, não há interrupção. O que termina é a relação analista-analisando, a *situação* de análise.

Neste sentido, parece-me muito feliz a formulação de Karol Marshall (2000), quando diz que a relação analítica é a única relação que, desde o começo, envolve um pacto suicida. *"Seria o fim de uma relação analítica de alguma forma semelhante a uma deliberada morte compartilhada? O término é um suicídio para a relação. Temos um pacto de matá-la/nos matarmos numa determinada data"*.

De acordo com Luis Cláudio Figueiredo, separar-se do analista pressupõe um amadurecimento psíquico que se reflete na possibilidade de renunciar, espontaneamente, a manter uma relação com um objeto que continua vivo. Isto está diretamente relacionado com a capacidade do sujeito suportar o sentimento de estar excluído de uma relação vivida na fantasia como exclusiva. Para que isto ocorra, o analisando precisa ter elaborado suficientemente bem a questão edípica, de modo a aceitar que seu analista use o tempo que lhe "pertencia" para analisar outras pessoas a quem o analisando estaria cedendo a vez; ou dar o destino que bem lhe aprouver ao tempo que lhe era antes dedicado. Ainda segundo Luis Cláudio, um término de análise bem-sucedido implica que o analisando possa experimentar-se na exclusão de um objeto vivo, não porque a relação tenha se esgotado ou porque uma das duas pessoas envolvidas tenha "dispensado" a outra. O analisando se mostraria, neste caso, disposto a conceder o ser excluído da vida do analista sem ressentimento, isto é renunciando ao objeto.

Na minha experiência, uma análise se encerra, em geral, no momento em que o analisando estaria em condições mais favoráveis para se engajar num processo analítico. O que tenho em mente quando faço tal afirmação? Considero que, quando o analisando procura análise, o faz movido por uma situação de intenso sofrimento, muitas vezes uma situação de crise. Ninguém, em sã consciência, procura uma análise e se dispõe a nela investir tanto tempo e tanto dinheiro se não estiver sofrendo muito. De início, o que o analisando procura é alívio para o seu sofrimento, e leva muito tempo até que se tenha criado entre analista e analisando, um vínculo de intimidade e de confiança que favoreça o trabalho analítico. Ou seja, uma conversa franca sem tanta turbulência, e que leve o analisando a se aprofundar mais em seu autoconhecimento e perceber o quanto pode usufruir disso na sua vida em geral.

Ocorreu-me a lembrança de um quadro de um amigo pintor, Wesley Duke Lee, que retrata duas imagens suas, caminhando uma em direção à outra e se cumprimentando. Perguntei-lhe o significado destas duas imagens. Respondeu-me que, quando um homem completa quarenta anos, finalmente se conhece e pode começar a conversar consigo próprio.

A associação que me ocorreu com o processo analítico baseia-se no fato de que, durante algum tempo, o que o analista faz é apresentar o analisando a si mesmo. Quando finalmente alguma familiaridade é obtida, do analisando para consigo mesmo, frequentemente é hora de dar por encerrado o processo de análise, o que, na minha maneira de ver, é de se lamentar, porque seria a melhor hora para que uma boa conversa pudesse fluir com tranquilidade entre a dupla analítica.

Por que digo que "termina quando deveria começar"? Porque, neste momento, acredito que já foram resolvidos os principais conflitos e superados os obstáculos mais impeditivos, de tal forma que o campo transferencial se acha menos "minado", livre de tanta turbulência, e uma conversa analítica pode finalmente se estabelecer.

Partilho da posição dos doutores Sara e César Botella (1997b) de que o inacabamento faz parte da própria natureza da análise enquanto processo. Uma analogia poderia ser estabelecida com o sonho, no sentido de que não existe sonho acabado mas, sim, interrompido. "O sonho não é um conto com início, meio e fim, mas uma unidade processual, sem começo e sem fim, podendo renovar-se sem cessar".

A possibilidade de terminar uma análise deve também ser avaliada em função da capacidade, desenvolvida pelo analisando, de suportar o medo de ficar só, podendo passar a ser a sua própria companhia. Alguns analisandos parecem não poder prescindir do analista como interlocutor e prosseguir por si mesmo essa conversa, a rigor infinita — a de alguém consigo mesmo. Correm o risco de transformar a análise em um sintoma.

Retomando minha ideia anteriormente expressa, a de que uma análise frequentemente termina quando deveria começar, remeto-me ao caso de Ana[1]. Considero que ela já não sofre impedimentos particularmente inibidores de seu desenvolvimento. Já ganhou intimidade com seu mundo mental e, de certa forma, já tem condições de conversar consigo mesma. Neste sentido, penso que Ana estaria pronta para conversar comigo, porém de uma outra maneira. Tendo me dado conta de suas expectativas em relação a um processo analítico e em relação à própria vida, creio que, para Ana, a decisão de interromper a análise, tomada de comum acordo comigo, foi acertada.

Penso que Beatriz[2] já está mantendo essa conversa, comigo e consigo própria, podendo usufruir com mais liberdade desta relação tão peculiar, que é a relação analítica. De certa forma já se deu conta de que poderia continuar essa conversa que iniciou comigo sozinha, mas parece que *escolheu* continuar a ter a mim como interlocutora. Tenho a impressão de que, de todas as analisandas que apresentei nesta dissertação, foi a que melhor percebeu o valor da análise como um processo de investigação contínuo. Creio que o texto de Maurice Blanchot reflete com sabedoria esta percepção:

"Embora não haja razão para você vir aqui, parece que cada vez que você vem, tem uma razão extraordinária para vir" (M. Blanchot, "The infinite conversation" apud Karol Marshall, 2000).

---

[1] Caso A - término clássico.

[2] Caso B - término clássico previsível.

Quanto a Cláudia[3], acredito que a turbulência de sua novela familiar ainda não foi suficientemente elaborada e ela tem consciência disso. Por que optei, em seu caso, por "consultas analíticas"? Penso que, tal como Beatriz, já se deu conta de que a análise é um processo de investigação contínuo, mas acredito que não se sinta capaz de, sozinha, conter a ansiedade que faz parte de sua natureza. Considero que esteja em jogo uma fantasia: assim como imaginava não ser capaz de arcar com o ônus de prescindir da mãe a seu lado, imagina igualmente não poder prescindir da análise. Creio que é uma questão de tempo.

Para Dora[4], a análise parece ter o significado de um suporte necessário, sem o qual viveria como uma nau sem rumo. A análise parece ter para ela a função de uma bússola, de um ponto de referência que não encontra em si mesma. Ainda desempenho, para Dora, algumas importantes funções psíquicas das quais ela não consegue se encarregar sozinha, por exemplo: pensar, conter... Creio que Dora não concebe a ideia de ter que dar conta, por si mesma, de sua turbulenta realidade psíquica. Considero não ter ainda desenvolvido um sentido de identidade suficientemente bem estabelecido para suportar, de um lado, perceber-se separada de mim e, de outro, fazer o luto necessário por essa separação. Penso, ainda, que seu nível de atuação e de dissociação indicam que ela ainda não

---

[3] Caso C - término com consultas analíticas.

[4] Caso D - análise interminável.

discrimina realidade sensorial de realidade psíquica, vivendo, na maior parte do tempo, alucinatoriamente.

Fiz uma hipótese de que esse tipo de analisando possivelmente experimentou uma falha importante no seu desenvolvimento emocional primitivo e relacionei-a a uma maternagem desempenhada de forma precária. Curiosamente, achei minha hipótese referendada no livro *O processo psicanalítico*, de Donald Meltzer (1967), num apêndice intitulado "Intolerância à Separação". Referindo-se a estudos realizados por Esther Bick a este respeito, diz ele:

> A tese destes estudos é a de que um fracasso muito precoce na experiência da criança no que se refere aos "cuidados maternais" (*holding function*), deixa uma deficiência residual na integração básica do eu (*self*), a qual se manifesta através de uma debilidade geral nos vínculos integrativos em níveis somáticos do eu (*self*) e uma consequente fragilidade da experiência da realidade psíquica. Isto dá origem a uma dependência excessiva em relação a um objeto externo para manter o eu (*self*) unificado, a fim de que se possa vivenciar o sentido de identidade. A separação provoca uma desintegração ou um desmoronamento, com incapacidade de pensar, perturbação na postura e motilidade, assim como uma desorganização vegetativa. A Sra. Bick acha que isto se relaciona com o fracasso na formação do equivalente psíquico de possuir uma pele que mantenha o eu (*self*) unido, ou seja, um produto do desenvolvimento normal

de identificação com o "continente" físico e psicológico adequado, que seria a mãe.

Um tema que me instiga, além das questões referentes a início e término de análise, poderia ser assim formulado: Por que uma pessoa não consegue se manter em análise? São questões que dizem respeito ao analisando, ao analista, ou à dupla? Não sei o que é mais preocupante: se o analista que não consegue manter os seus analisandos por um certo período ou o que não consegue interromper determinadas análises. Essa preocupação é partilhada por Antonio Sapienza: "Às vezes estuda-se o que é que mantém a pessoa na análise, mas o que leva a pessoa a sair da análise... incompatibilidade?"

À medida que fui acumulando experiência como analista, fui me dando conta da extrema delicadeza que caracteriza esta profissão. Repentinamente, emergiu em minha mente uma experiência marcante que vivi na infância. Numa fazenda do interior de São Paulo, vi-me observando fascinada o trabalho de um canteiro[5], profissional cuja especialidade — a cantaria — é cortar enormes pedras sem estragá-las. O canteiro leva muito tempo batendo com o ponteiro (instrumento próprio para esse tipo de serviço) na pedra, escutando o som das batidas e observando seus veios. Quando ele acerta o ponteiro num veio específico, cujo som é diferente dos outros, a pedra se abre em duas, soltando um canto muito bonito, semelhante ao som

---
[5] Canteiro (subst. masc.). Homem que trabalha em cantaria; marmoreiro. Escultor em pedra (Cândido de Figueiredo, *Grande Dicionário da Língua Portuguesa*).

de uma flauta. A partir desse fato, eu traduzi internamente: canteiro, aquele que faz a pedra cantar.

Esta associação, ocorrida durante uma sessão, inspirou-me a pensar em como se dá o processo de introjeção do objeto analítico: escutar e observar o veio da pedra para, então, poder bater e abrir no ponto exato. Da mesma forma, escutar e observar o analisando para, então, poder formular algo com um vértice analítico. Veio-vértice.

Quando o analista percebe e aponta o vértice analítico, é possível haver, por parte do analisando, reconhecimento e expansão do seu mundo mental, assim como quando o canteiro acerta no veio da pedra e ela se abre e canta.

O canteiro não depende nem de sua memória, nem de seu desejo, para executar o seu trabalho sem danificar a pedra. Deve estar desligado de tudo, mas muito atento, observando os veios daquela pedra, escutando o som naquele momento para, então, poder bater no veio certo e, assim, ver a pedra se abrir. O ofício de canteiro é geralmente transmitido de pai para filho, sendo necessários muitos anos de prática para tornar-se um bom profissional. Algo semelhante ocorre em relação ao nosso trabalho. São necessários anos de experiência para alguém tornar-se um analista e, portanto, perceber também essa diferença tão fundamental, entre o mundo psíquico e o seu equivalente sensorial.

Normalmente, a percepção dessa diferença é rara, o que verifico na minha própria experiência. Pois, além da possível habilidade, esforço e paciência do "analista-canteiro", está envolvida a resposta do analisando e os desdobramentos posteriores desses momentos de clivagem.

Da mesma maneira que são necessários anos de experiência para que um analista se torne um analista-canteiro, também do analisando se requerem anos para expandir seu mundo mental, e para aceitar que a análise não lhe oferece soluções para sua vida concreta, para problemas do seu dia a dia e, sim, um desenvolvimento de seus recursos pessoais para lidar com sua realidade, interna e externa. Para que o analisando-canteiro possa se beneficiar dessa música diferente, precisa ter uma disposição para mudar[6].

Segundo Longman (1989):

> O que torna peculiar o trabalho psicanalítico, é uma experiência única no campo do relacionamento humano, que é o campo da transferência, é o fato de o analista permitir que o analisando tenha contato e conhecimento com a sua realidade psíquica. Não para se conhecer, o se conhecer em si mesmo, mas para se encontrar com o outro, defrontando-se com as suas emoções face à própria vida, e de sobreviver ao encontro (p. 2).

Quem nos procura geralmente não tem muita ideia do que vem buscar numa análise (e poucos talvez saibam diferenciar

---

[6] SAIGH, Y. *O veio e o vértice*. Trabalho apresentado na Sociedade Brasileira de Psicanálise de São Paulo, 14 out. 1992.

um trabalho analítico de uma terapia comum); anseiam por se "livrar" de um desconforto, "sarar" de uma depressão, "curar" uma angústia. Correm o risco de ficar anos numa análise sem que ocorra qualquer expansão mental, apenas entretendo-se (analista e analisando), mutuamente.

Recorrendo, mais uma vez, a Longman:

> A função da psicanálise, o psicanalizar, é atividade que pode ser despojada de todos os valores sociais e morais, menos um: o de contribuir para que o analisando consiga tomar contato com a sua realidade psíquica; com as motivações inconscientes e conflitos que estão na origem das suas ansiedades psicóticas — persecutórias e depressivas — como elas aparecem na relação psicanalítica. E assim proporcionar a ele, analisando — assim como ao analista —, condições para se posicionar frente à própria vida, não para ser curado, normalizado, mas para viver e agir com a sua verdade, a sua limitação. Os processos psíquicos que são despertados aumentam a sua capacidade para sobreviver como indivíduo, não como membro do "rebanho" (p. 22).

O pseudocanteiro é facilmente detectável; são várias pessoas observando a relação entre o canteiro e a pedra, vendo o resultado imediato. O trabalho analítico tem algumas diferenças e semelhanças com o trabalho do canteiro: é uma relação entre duas pessoas e o que ocorre ali só tem a ver com aquele par; diferentemente da relação canteiro-pedra, não há qualquer testemunha observando a relação analista-analisando. O analista, num trabalho solitário, vive a responsabilidade, assim como o canteiro, de não estragar o material com que trabalha. O veio, para o canteiro, é o vértice para o analista.

Referências

BALINT, M. On the termination of analysis. *Int. J. Psychoanal.*, 31: 196-199, 1950.

BERENSTEIN, S.P. de & FONDEVILA, D.S. de. Termination of analysis in the light of the evolution of a link. *Int. Rev. Psychoanal.*, 16: 385-389, 1989.

BICK, E. (1968). A experiência da pele em relações de objeto arcaicas. In *Melanie Klein hoje: desenvolvimentos da teoria e da técnica: Artigos predominantemente teóricos*. Rio de Janeiro: Imago, 1: 194-198, 1991.

BION, W.R. (1970) *Atenção e interpretação*. Rio de Janeiro: Imago, 1973.

_____. (1978/1980). *Conversando com Bion: quatro discussões com W.R. Bion: Bion em Nova Iorque e em São Paulo*. Rio de Janeiro: Imago, 1992.

_____. (1992). *Cogitações*. Rio de Janeiro: Imago, 2000.

BOTELLA, C. & BOTELLA, S. (1997) O inacabamento de toda a análise, o processual: Introdução à noção de irreversibilidade psíquica. *Psicanálise SBPdePA*. Porto Alegre, 2(1): 17-43, 2000.

BRIDGER, H. Criteria for the termination of analysis. *Int. J. Psychoanal.*, 31: 202-3, 1950.

BUXBAUM, E. Technique of terminating analysis. *Int. J. Psychoanal.*, 31: 184-90, 1950.

EKSTEIN, R. Working through and termination of analysis. *J. Am. Psychoanal. Ass.*, 13: 57-8, 1965.

ETCHEGOYEN, H. (1987). *Fundamentos da técnica psicanalítica*. Porto Alegre: Artes Médicas, 1989.

FARRELL, D. The prediction of terminability in analysis. *Bull. Menninger Clinic*, 38(4): 317-42, 1974.

FERENCZI, S. (1927). El problema de la terminación del análisis. In *Problemas y Métodos del Psicoanalisis*. Buenos Aires: Paidós: 68-76, 1966.

FERRARO, F. & GARELLA, A. Formas del proceso analítico y terminación. *Rev. Psicoanal.*, 3: 77-96, 1994. Número Especial Internacional.

FERRARO, F. & GARELLA, A. Termination as a psychoanalytic event. *Int. J. Psychoanal.*, 78: 27-47, 1997.

_____. Niveaux temporels dans le processus de fin d'analyse. *Rev. Franc. Psychanal*, 61(5): 1803-20, 1997.

FIGUEIREDO, L.C. O fim de análise em Melanie Klein: uma leitura desconstrutiva. *Boletim Formação em Psicanálise*, 8/9(2/1): 67-82, 2000.

_____. Termination of psychoanalysis of adults: a review of the literature. *J. Am. Psychoanal. Ass.*, 22(4): 873-94, 1974.

FIRESTEIN, S.K. *Termination in psychoanalysis*. Nova Iorque: IUP, 1978.

_____. Terminaison de l'analyse. *Rev. Franç. Psychanal.*, 44(2): 319-28, 1980.

FREUD, S. (1914). Recordar, repetir e elaborar. In *Edição Standard Brasileira das Obras Completas de Sigmund Freud*. Rio de Janeiro: Imago, 12: 191-203, 1969.

_____. (1933). Novas conferências introdutórias sobre psicanálise. In *Edição Standard Brasileira das Obras Completas de Sigmund Freud*. Rio de Janeiro: Imago, 22: 13-220, 1976.

_____. (1937). Análise terminável e interminável. In *Edição Standard Brasileira das Obras Completas de Sigmund Freud*. Rio de Janeiro: Imago, 23: 247-87, 1975.

GLOVER, E. *The technique of psychoanalysis*. Nova Iorque: IUP, 1955.

GOLDBERG, A. & MARCUS, D. 'Natural termination': some comments on endings analysis without setting a date. *Psychoanal. Q.*, 54: 46-65, 1985.

GRINBERG, L. Fase de terminación del análisis de adultos y objectivos del psicoanálisis: la búsqueda de la verdad acerca de si mismo. In *Psicoanalisis: aspectos teóricos y clinicos*. Buenos Aires: Paidós: 298-315, 1981a.

GUIGNARD, F. Le temps d'après. *Rev. Franç. Psychanal*, 61(4): 1.215-23, 1997.

HOFFER, W. Three psychological criteria for the termination of treatment. *Int. J. Psychoanal.*, 31: 194-5, 1950.

_____. Panel: Fate of transference after the termination of analysis. *J. Am. Psychoanal. Ass.*, 21: 181-92, 1973.

JOSEPH, B. Victoria. *Psicoanálisis*. Buenos Aires, 18(1): 157-75, 1996.

KLAUBER, J. Analyses that cannot be terminated. *Int. J. Psychoanal.*, 58(4): 473-7, 1977.

KLEIN, M. (1937). Amor, culpa e reparação. In *Amor, culpa e reparação e outros trabalhos: 1921-1945*. Rio de Janeiro: Imago, OC 1: 346-84, 1996.

_____. (1946). Notas sobre alguns mecanismos esquizoides. In *Inveja e gratidão e outros trabalhos: 1946-1963*. Rio de Janeiro: Imago, OC 3: 17-43, 1991.

_____. (1950). Sobre os critérios para o término de uma psicanálise. In *Inveja e gratidão e outros trabalhos: 1946-1963*. Rio de Janeiro: Imago, OC 3: 64-9, 1991.

_____. (1960). Sobre a saúde mental. In *Inveja e gratidão e outros trabalhos: 1946-1963*. Rio de Janeiro: Imago, OC 3: 305-12, 1991.

LAPLANCHE, J. & PONTALIS, J.-B. (1967) Plasticidade da libido. In *Vocabulário da psicanálise*. São Paulo: Martins Fontes: 436, 1983.

LONGMAN, J. (1989). O que cura em psicanálise? Uma introdução. *IDE*, 23: 20-3, 1993.

MARSHALL, K. Termination of an infinite conversation: reflections on the last days of an analysis. *Psychoanal. Dialogues*, 10(6): 931-47, 2000.

MELTZER, D. (1967). *O processo psicanalítico: da criança ao adulto*. Rio de Janeiro: Imago, 1971.

MILLER, I. On the return of symptoms in the terminal phase of psycho--analysis. *Int. J. Psychoanal.*, 46: 487-501, 1965.

MOMIGLIANO, L.N. *Letter from Milan*. In *Continuity and changes in psychoanalysis*. London; New York: Karnac Books, 1992.

OREMLAND, J. (1973). A specific dream during the termination phase of successful psychoanalysis. *J. Am. Psychoanal. Ass.*, 21: 285-302, 1973.

ORENS, M.H. Setting a termination date: an impetus to analysis. *J. Am. Psychoanal. Ass.*, 3: 651-65, 1955.

PAYNE, S. Short communication on criteria for terminating analysis. *Int. J. Psychoanal.*, 31: 205, 1950.

PEDDER, J.R. Termination reconsidered. *Int. J. Psychoanal.*, 69: 495-506, 1988.

PICHÓN-RIVIÈRE, E.; ABADI, M.; BLEGER, J. & RODRIGUÉ, E. Terminación del análisis. In PICHÓN-RIVIÈRE, E. *Del psicoanálisis a la psicologia social*. Buenos Aires: Galerna, 2: 21-5, 1971.

RANK, O. *El trauma del nacimiento*. Buenos Aires: Paidós, 1924.

REICH, A. On the termination of analysis. *Int. J. Psychoanal.*, 31: 179-83, 1950.

RICKMAN, J. On the criteria for the termination of an analysis. *Int. J. Psychoanal.*, 31: 200-1, 1950.

SEGAL, H. (1997). *Psicanálise, literatura e guerra: artigos 1972-1995*. Rio de Janeiro: Imago, 1998.

SHANE, M. & SHANE, E. The end phase of analysis: indicators, functions and tasks of termination. *J. Am. Psychoanal. Ass.*, 32(4): 739-72, 1984.

TICHO, E.A. Termination of psychoanalysis: treatment goals, life goals. *Psychoanal. Q.*, 41: 315-33, 1972.

WAUGAMAN, R.M. Los sueños y la terminación del análisis: reflexiones sobre el cambio psíquico. *Rev. Psicoanal.*, 49(2): 357-71, 1992.

WEIGERT, E. Contribution to the problem of terminating psychoanalysis. *Psychoanal. Q.*, 21: 465-80, 1952.

WINNICOTT, D.W. (1962). Os objetivos do tratamento psicanalítico. In *O ambiente e os processos de maturação: estudos sobre a teoria do desenvolvimento emocional*. (3a. ed.) Porto Alegre: Artes Médicas: 152-5, 1990.

_____. (1965). *O ambiente e os processos de maturação: estudos sobre a teoria do desenvolvimento emocional*. (3a. ed.) Porto Alegre: Artes Médicas, 1990.

Impresso por :

Graphium
gráfica e editora

Tel.:11 2769-9056